일본 신민족주의 전환기에

『국체의 본의』를 읽다

Re-reading *Kokutai no Hongi*
in the Age of Neo-nationalist Turn
in Japan

기획 히토쓰바시대학 대학원 언어사회연구과 한국학연구센터

히토쓰바시대학(一橋大學) 대학원 언어사회연구과 한국학연구센터는 일본 지역 한국학의 '새로운 리더'를 추구한다는 기치 아래 2016년 12월 1일 설립되었다. 센터는 한국 사회와 아시아 공동체의 연결 고리를 학제적으로 탐색하면서 새로운 한국학 연구의 방향성을 모색하고, '체험·기억·공생'이라는 키워드를 통해 아시아 공동체의 미래상을 전망한다. 특히 역사적으로 다양한 층위가 얽혀 있는 한국과 일본의 관계망과 그 속의 분절 지점을 포착하여 양국 상호인식의 형성 과정을 역사적으로 재조명하고, 미래지향적인 아시아 공동체의 지적 토대를 마련하고자 한다.

현재 센터에서는 '국제학술대회'를 비롯해 '한국근현대사를 읽는 연구모임', '한국학포럼', '근현대 인물사연구회', '식민지 체험과 기억을 읽는 모임', '저작비평회', '국제교류세미나', '문화강좌', '체험과 기억의 동아시아 근대' 등 다양한 연구 활동을 추진하고 있다.

편역 형진의

현재 한남대학교 교양교육대학 교수이다. 히토쓰바시대학 대학원 언어사회연구과 박사이며, 전공은 사회언어학과 언어정책 연구이다. 저서는 『일본어 논술문 작성법』(시사일본어사, 2014, 공저)가 있으며, 역서로는 『역사의 증인 재일조선인』(반비, 2012), 『원전의 재앙 속에서 살다』(돌베개, 2012), 『언어, 헤게모니, 권력』(소명출판, 2016, 공역) 등이 있다.

편역 임경화

현재 연세대학교 국학연구원 연구교수이다. 도쿄대학 대학원 인문사회계연구과 문학박사이며, 전공은 코리안 디아스포라 비교연구와 일본사회운동사 연구이다. 저서는 『1905년 러시아혁명과 동아시아 3국의 반응』(서울대학교출판문화원, 2017, 공저)가 있으며, 역서로는 『나는 사회주의자다』(교양인, 2011), 『나의 1960년대』(돌베개, 2017) 등이 있다.

일본 신민족주의 전환기에

『국체의 본의』를 읽다

히토쓰바시대학
한국학연구센터
번역총서

01

Re-reading *Kokutai no Hongi*
in the Age of Neo-nationalist Turn
in Japan

히토쓰바시대학
한국학연구센터
기획

형진의 · 임경화
편역

어문학사

일러두기

1. 이 역서는 文部省 編纂 『國體の本義』(内閣印刷局, 1937)를 완역한 것이다.

2. 번역 시 영역본 *Kokutai no Hongi: Cardinal Principles of the National Entity of Japan*(Harvard University Press, 1949)을 참조하였다.

3. 본문의 각주는 역자주이며, 간단한 역자주는 괄호[ ]로 처리하였다.

4. 이 역서에는 원서의 이해를 돕기 위해 따로 관련 자료를 번역하여 실었다.

5. 원문의 뜻을 정확히 전달하기 위해 한글과 한자 표기가 다른 경우가 있다.

　　　예) 건국肇國, 조화和, 백성御民·赤子, 계획宏謀 등.

6. 일본어 고유명사를 한국어로 표기할 때는 다음과 같은 원칙에 의거한다.

　　　• 기본적으로 국립국어원의 「외래어 표기법」에 따른다.

　　　• 장모음은 표기하지 않는 것을 원칙으로 하나, '이'계 장모음은 표기한다.

　　　예) 明治(Meiji)-메이지, 景行(Keiko)-게이코

추천의 말
국체, 외면하고 싶어지는 말

『국체의 본의』 전문이 이번에 처음으로 한국에서 번역 간행된다는 것을 알고 나는 어쩐지 허를 찔린 듯한 기분이었다. 그것은 우리 조선민족 전원이 알아야 하는 문헌이므로, 당연히 이미 번역서가 존재할 것이라고 생각했기 때문이다.

이것은 읽기 쉬운 문헌이 아니다. 무엇보다 원문이 오래된 일본어 표현이라서 한국어로 번역하는 것이 어렵다. 조선인뿐만 아니라 당시의 일본인한테도 난해한 용어나 표현투성이이다. 게다가 단순히 타언어 이해의 곤란함이라기보다 일본에서는 천황제와 관련된 문서에는 제도적으로 신비감을 띤 난해한 어휘가 사용된다. 그를 통해 일반인에게 불가사의한 권위성을 느끼게 하려고 했기 때문일 것이다.

이 문헌을 읽고 제대로 이해가 되지 않는다 해도 이상한 일이 아니다. 여기에 쓰여 있는 것은 보편적인 합리성이 아니라 오히려 '신들린' 듯한 비합리성으로 일관되어 있기 때문이다. 다카하시 데쓰야高

橋哲哉 교수가 「해설」에서 지적했듯이, "『국체의 본의』에 의한 국체의 정의의 최종적인 근거는 신화"이며, "모든 것은 신화에 대한 '신념' 위에 구축된 담론"이다. 이 문헌이 독자에게 요구하는 것은 '이해'가 아니라 '귀의'이다.

조선민족의 '단군신화'처럼, 세계의 대부분의 민족에게는 창세신화나 건국신화가 있다. 그러나 그 신화들은 근대 이후의 세계에서는 글자그대로 신화로서 객관적으로 인식되는 것이 일반적이지, 그것이 그대로 국가의 지도이념이 되고, 급기야 타민족에게까지 강요하는 경우는 드물다. 예외를 찾는다면, 구약성서의 신화를 사실이라고 강변하며 팔레스타인 사람들을 압박하는 이스라엘이 그에 해당할 것이다. 혹은 다윈의 진화론조차도 금기시하는 기독교 원리주의자가 국가를 가진 상태를 상상하면 될지도 모른다.

『국체의 본의』에서 '한국 병합'은 천황의 '크신 마음'의 발현으로 간주된다. 일본이 주변 민족들을 침략하거나 지배한 것은 천황의 고마운 마음의 발로였으며, 일본이라는 나라의 '중대한 세계사적 사명'이라고 한다. 이와 같은 이데올로기에 의해 침략이 정당화되어 일본은 메이지 유신부터 아시아-태평양 전쟁에서의 패전까지 전쟁을 계속해서 반복하는 역사를 거쳤다. 그로 인해 당사자인 일본인 일반도 물론 피해를 입었지만, 조선민족을 비롯해 아시아의 피지배민족은 그것을 훨씬 웃도는 커다란 피해를 입었다. 조선민족은 국토, 자원, 노동력, 문화 등을 빼앗겼을 뿐만 아니라, 그것의 고마움에 감사하라는 부당한 요구까지 받았다. '국체'의 지적인 이해가 아니라 내면에서부터 자발적으로 뿜어 나오는 동조(요컨대 귀의)를 요구받았던 것이다. 천황을 위해서 스스로 목숨을 내놓는 것이 기쁨이라고 믿는 경지가 요구되었고, 그 요구를 채우지 못한 것처럼 보일 경우에는 '민도가 낮다'고 하며 경멸당하거나 가차 없는 폭력이 가해졌다.

이 문헌을 읽으려던 독자가 이해하기 어렵다고 느꼈다 해도 그것은 자연스러운 일이다. 오히려 이 이해불능의 '교의'를 무리하게 강요당한 선인들의 고통을 상기해야 할 것이다. 그것은 식민지 지배라는 사태의 진상을 '이해'하기 위해 불가결한 것이며, 현재의 한국 독자가 이 문헌을 읽어야 하는 이유이기도 하다.

시인 윤동주가 해방의 그날을 보지 못한 채 후쿠오카福岡 형무소에서 옥사한 것은 72년 전의 일이다. 그는 치안유지법에 의해 목숨을 빼앗겼다. 시인은 자신의 모어로 시를 쓰는 것조차 금지당했다. 증거품으로 압수당한 미발표 원고는 영원히 소실되어 버렸다. 게다가 형사한테서 폭력을 당하고 조소당하고 불합리한 설교를 당하고 이국의 감옥에서 죽어야만 했다. 판결문에 따르면, 그는 고종사촌 형인 송몽규를 비롯한 조선인 학우들과 함께 "일본의 패전을 꿈꾸며 그 기회를 노려 조선 독립의 야망을 실현해야 한다고 무턱대고 믿었다"고 한다. 마음속에 조선 독립의 꿈을 품고 그것을 친구들과 이야기한 것이 죄가 되었던 것이다.

1925년에 공포된 치안유지법은 '사유재산제의 부정'과 '국체의 변혁'을 목적으로 하는 결사를 금지하는 탄압법이다. '사유재산제의 부정'이란 사회주의와 공산주의를 가리키며, '국체의 변혁'은 천황제 부정을 의미한다. 이 법은 무한정으로 확대해석되어 오모토교大本教[1] 같은 종교단체의 탄압에까지 이용되었다. 1928년의 법 개정에서는 '국체변혁'죄의 최고형이 사형으로 늘어났고, "결사의 목적 수행을 위해 하는 행위"를 결사에 실제로 가입한 자와 동등하게 처벌한다고 했다(목적수행죄). 1941년의 개정에서는 형의 집행을 마치고 석방해야 할 경우에도 "재범의 우려가 현저"하다고 판단될 경우에는 석방하지 않고, 예방구금소에 그 사람을 구속할 수 있다(기간 2년, 단 갱신 가능)고 하는 예방구금규정을 도입했다. 한국의 국가보안법은 이 치안유지법을 본뜬 것이다. 군정 시대에 맹위를 떨친 사회안전법과 사회보호법은 이 법의 예방구금규정을 답습한 것이었다.

치안유지법은 조선, 타이완 등의 식민지에도 천황의 칙령으로 시행되었다. '조선 독립의 기도'는 아래에서 제시하는 억지에 의해 '국체변혁' 죄에 해당되는 것으로 간주되었다.

조선의 독립을 달성하려는 것은 우리 제국 영토의 일부를 참절僭竊하여 그 통치권의 내용을 실질적으로 축소하고 이것을 침해하려는 것에 다름 아니므

---

1 신도 계열의 신종교로, 데구치 나오出口なお에 의해서 1892년에 개교되었다. 그녀의 예언은 신의 계시御筆先[大本神諭]로 기록되었다. 오모토스메 대신大本皇大御神을 제사지내며, 나오의 출생지인 교토의 아야베綾部를 지상의 다카마노하라高天原로 삼아 신인합감神人合感을 주창하며 세상을 다시 세워 신국을 연다고 설파했다. 나오의 사후에 크게 발전했으나, 1921년과 1935년 두 차례에 걸쳐 불경죄에 의한 탄압을 받아 해산당했다. 패전 후 재건되어 52년에 오모토교로 돌아갔다.

로, 따라서 치안유지법에 이른바 국체의 변혁을 기도하는 자로 해석하는 것을 타당한 것으로 본다(신간회 철산지부 설치에 대한 치안유지법 위반사건, 1930년 7월 21일 조선총독부 고등법무원 판결).

이 법은 일본인보다도 몇 배나 가혹하게 조선인에게 적용되었다. 윤동주는 그 수많은 희생자 중 한 명이었다.

치안유지법 공포로부터 12년 후인 1937년에 『국체의 본의』가 간행되었다. 그 경위와 배경에 대해서는 「해설」을 참조하기 바란다.

지금 내 손에 『새로운 조선新しき朝鮮』이라는 제목의 소책자(복각판)가 있다. 조선총독부 정보과에서 편찬하여 1944년 4월 25일에 간행된 것이다(복각판은 재일조선인 박찬호朴燦鎬에 의해 1982년에 도쿄 후토샤風濤社에서 간행되었다). 제5장 「끝까지 싸우는 2,600만」의 소제목들은, 타오르는 애국의 적성赤誠, 지원병에서 징병으로, 반도인 학도도 출진, 노무보국을 선언하다, 연성鍊成에 정진하다로 되어 있다. 여기에서 쉽게 알 수 있듯이, 조선인에 대한 징병제 실시를 계기로 황민화를 보다 철저히 추진하여 전쟁에 총동원할 목적으로 그 사상 선전을 위해 작성된 책자이다. 여기에도 '국체'라는 말이 빈번히 나타난다. 아래에 예를 들어보자.

일본의 한국병합이야말로 황도정신에 의해 추진되는 근세 세계사 전환의 첫걸음이었다. (……) 새삼스레 말할 필요도 없이 내선일체의 문제는 단순한 형식이 아니라 어디까지나 본질이며, 게다가 그 기저는 국체의 본의에 기초한

도의이다(제2장 「조선 통리統理의 진전」 통치의 대정신).

도의道義 조선의 확립을 꾀하기 위해서는 각 직역職域에 있는 2,500만 관민이 모두 국체의 본의에 철저해야 하며, 황국신민적 수양 연성을 철저히 실천 궁행躬行하는 것이 가장 급무라는 것은 말할 필요도 없다. 더욱이 지원병제도를 거쳐 이윽고 징병제가 실시된 오늘날 그 의의는 더욱더 중요할 뿐만 아니라, 먹느냐 먹히느냐의 결전 아래 반도의 전 민중이 모든 곤고困苦와 결핍을 견디며 어디까지나 필승의 신념에 불타서 성전聖戰 완수에 멸사봉공하는 기백과 결의를 배양하기 위해서는 각자가 스스로 자기수련에 열중하는 것이 긴요한 것으로 여겨진다(제3장 「고이소小磯의 통리와 그 성격」 통리의 이념).

이 책자는 처음부터 끝까지 이와 같은 공허한 슬로건으로 가득 차 있다. 옮겨 쓰면서 마음이 삭막해진다. '도의 조선'이라고 할 때의 그 '도의'는 애초에 이와 같은 의미인가. 타민족을 수탈하고 그 정신까지도 개조해서 자기의 침략전쟁에 마음껏 이용하는 것이 '도의'인가. 그것을 강요당한 선인들의 분노나 슬픔이 가슴을 찌른다.

이 소책자의 결어 부분은 이렇다.

몸도 마음도 육체도 정신도 이윽고 황국신민으로서의 자각을 높이고 도의 조선의 확립을 위해 한눈도 팔지 않는 2,800만 조선동포의 정진이야말로 우리 제국의 대동아 건설을 추진하는 커다란 힘이며, 동아 10억 백성을 이끄는 1억 일본의 4분의 1을 점하며 야마토大和 민족과 함께 앞으로 점차 이것의 중핵이 될 광영 있는 자격과 사명을 분담할 것이다.

01　『새로운 조선』(1944) 제5장에 실린 「이제 간다 반도의 청년과 학도」라는 제목의 사진. 중앙에 보이는 혈서에는 "일사보은-死報恩 꼭 저를 지원병으로 뽑아 주세요. 이현우 올림"이라고 쓰여 있다.

　요컨대 조선인도 노력하여 황국신민이 되면 일본인과 함께 대동아공영권의 중핵이 될 수 있다는 것이다. 그런데 문장은 바로 다음에 이렇게 이어진다.

　그러나 그 광영 있는 자격과 지위는 결코 하루아침에 전체에게 부여되는 식의 값싸고 손쉬운 것이 아니라는 것을 조선동포는 새겨 두지 않으면 안 된다. (……) 그렇다면 2,800만 조선동포가 언제 야마토 민족과 동일해질 수 있을까. (……) 거기에는 지금이 최적기이다. 즉 이 대동아전쟁을 끝까지 싸워 얼마나 모든 것을 군국에 바치는가가 시금석이다. 모든 것을 군국에 바치고 끝까지 전쟁을 싸워내 승리의 날을 맞이한 그때야말로 명실 공히 영예로운 대동아의 중핵적 지도자로서의 지위를 부여받을 것이다(제8장 「대동아의 중핵 조선」).

여기에 식민지 지배자의 본심이 너무나 노골적으로 적나라하게 드러나 있다. 타자를 철저히 차별해 놓고 그 차별에서 벗어나고 싶으면, 마음도 몸도 군국(천황과 국가)에 바치라고 요구하는 것이다. 무심결에 외면하고 싶어지는 말이다. 그러나 외면할 수는 없다.

『국체의 본의』라는 읽기 어려운 문헌을 그것도 한국의 독자가 읽어야 하는 이유를 정리하면 다음과 같다.

첫째, 그것이 실제로 있었던 일이기 때문이다. 또한 직시하는 것이 괴로운 일이기는 해도, 어떠한 이유에서든 적지 않은 조선인이 이와 같은 지배자의 이데올로기에 동조하여 식민지 지배의 협력자가 되었다는 씁쓸한 사실도 잊어서는 안 될 것이다. 일본에 의한 식민지 지배는 한국, 조선민주주의인민공화국, 재일, 재중 등의 코리안 디아스포라를 불문하고 모든 조선민족의 삶에 씻을 수 없는 각인을 새기고 유형무형의 왜곡을 남겼다. 우리가 자신의 정체를 알기 위해서는 그것을 깊이 알지 않으면 안 된다.

둘째, 그것이 아직 끝나지 않았기 때문이다. 우리 조선민족들 중에 이와 같이 왜곡된 근대를 경험한 탓에, 형태만을 바꾼 '국체' 사상 같은 것이 뿌리깊이 살아남아 있지는 않은가. 혹은 일본식민지 시대를 미화하거나 식민지 지배의 범죄를 경감 혹은 면죄하려는 심성은 없는가. 그렇다고 한다면 그것을 도려내서 극복하지 않는 한 진정한 의미에서 식민지 시대를 끝낼 수는 없다.

셋째, 그것이 끝나지 않았다는 것은 오히려 일본에 대해 강조해야 하는 것이다. 일본의 패전은 이와 같은 국체 이데올로기와 결별할 호기였음에도 불구하고 현실은 그렇게 되지 않았다. 연합군 측의 점령정책, 냉전전략도 맞물려 천황제는 온존되었다. 전쟁책임의 추궁은 불철저한 상태로 끝났다. 일부의 전범을 제외하면, 이와 같은 '국체' 이데올로기를 담당한 자들(정치가, 관료, 학자, 저널리스트 등)은 전후에도 살아남아 각계에서 계속해서 영향력을 행사했다. 전후의 약 20년간(1960년대 중반 무렵까지)은 일본 내부에서 이와 같은 국가주의 이데올로기와 싸우는 사람들이 일정한 세력을 점하고 있었다. 그것이 지금은 처참하게 쇠퇴해 버렸다.

1990년대 중반에 '위안부'를 비롯한 전쟁 피해자들이 실명으로 고발을 시작했을 때, 전후 일본사회에 갱생의 호기가 찾아왔다. 그러나 일본시민들은 전체적으로 보면, 아시아의 피해자와 연대하여 자국의 과거를 극복하는 길을 선택하지 못했다.

올해 6월 2일에 치안유지법의 재현으로 비판받고 있는 '공모죄' 법안을 심의하는 국회에서 법무대신이 아무런 거리낌도 없이 과거의 치안유지법은 "적법하게 제정"되었으며, "손해배상도 사죄도 실태조사"도 불필요하다고 답변했다. 얼마 전까지만 해도 그저 말뿐이라도 "치안유지법은 과거의 과오였다"는 등의 수사로 비판을 모면하려고 했을 것이다. 그러나 이제는 그럴 필요조차 느끼지 못하는 듯, 정말로 담박에 '진심'을 드러냈던 것이다.

일본군국주의의 상징이라고 할 수도 있는 치안유지법은 포츠담선언 수락과 함께 점령군총사령부의 요구로 폐지되었다(1945년 10월). 그 악법이 '적법'한 것이었다고 법무장관이 국회에서 답변한 것이다. 그것은 패전과 포츠담선언 수락이라는 역사적 사실 자체를 부인하는 것을 의미한다. 조선이나 타이완 같은 식민지를 일본이 포기한 것은 포츠담선언 수락에 의해서였다. 즉 그들은 식민지 지배 책임도 결코 인정하지 않는다고 선언한 것과 마찬가지이다. 더욱이 이것에 여론도 민감하게 반응하지는 않았다.

> 천황제는 왜 폐지되어야 하는가. 이유는 간단하다. 천황제는 전쟁의 원인이었고 폐지되지 않으면 또 전쟁의 원인이 될지도 모르기 때문이다. (……) 터무니없는 침략전쟁을 전 세계에 벌인 이상, 일본은 세계에 대해 그 책임을 다하지 않으면 안 된다. 천황제와 봉건주의가 일본을 호전적으로 만든 근본적 이유라면, 그 이유를 제거하고 천황제를 폐지하고 봉건적 잔재를 씻어내어 다시는 호전적으로 되지 못한다는 것을 실행으로 세계에 제시하지 않으면 안 된다.

여기에 인용한 것은 일본 패전 후 반년 정도밖에 지나지 않은 1946년 3월 21일에 도쿄대학의 '대학신문'에 게재된 「천황제를 논하다天皇制を論ず」라는 기고의 일부이다. 필자인 '아라이 사쿠노스케荒井作之助'는 이후에 평론가가 된 가토 슈이치加藤周一[1919~2008][2]의 필명이다. 전후 얼마 되지 않은 시기에 일본 내부에서도 이러한 정론이 싹트고

---

2 도쿄제국대학 의학부 재학 시절부터 문학운동에 참가했다. 1951년에 의학 유학생으로 프랑스에 건너가 서구문화를 체험하게 된다. 1958년에 의사업을 그만두고 이후에 캐나다, 독일, 미국, 일본 등의 대학에서 일본의 문학이나 미술을 가르치면서 평론활동을 했다. 1988년에 도쿄도립 중앙도서관장, 1992년에 리쓰메이칸立命館대학 국제평화뮤지엄 관장을 역임했다. 2004년에는 헌법 제9조를 지키기 위해 '9조의 모임'을 결성해서 활동했다.

있었다. 대다수라고 할 수는 없어도 적지 않은 일본시민이 동일한 생각을 했을 것이다. 그러한 논의는 어느 시기까지는 전후민주주의와 평화주의의 기둥의 하나였다. 그런데 오늘날 일본은 거의 모두가 천황제 폐지를 말하지 않는 사회가 되어 버렸다. 가토 슈이치는 평생을 평화운동에 헌신했지만, 세상을 떠날 때까지 언제나 소수자였다.

　작년에 현 천황이 양위를 희망한다고 밝힌 후, 그 법적 근거나 절차에 대해 일본사회에서 어느 정도 논의가 일었는데, 거기에 천황제 폐지를 외치는 목소리는 거의 드러나지 않았다. 오히려 현 천황의 '국민에 다가가는 인품'을 칭찬하고 천황제 존속을 당연시하는 논의로 뒤덮였다. 잘 알려진 리버럴파 논객 우치다 다쓰루內田樹까지도 "입헌 데모크라시와 천황제는 양립하지 않는다"고 생각했던 시기도 있었지만, 자신은 "천황주의자로 바뀌었다"고 선언했다(『朝日新聞』 2017년 6월 20일). 국가에는 "정치 지도자 같은 세속적 중심"과는 별도로 "종교나 문화를 역사적으로 계승하는 초월적이고 영적인 '중심'"이 있는 것이 좋다. 그것이 천황이라는 것이다.

　이 논의에 빠져 있는 점이 적어도 두 개 있다. 과거의 천황제는 그야말로 천황을 "초월적이고 영적인 '중심'"으로 떠받들고 그것을 군부나 정계가 이용하는 결탁관계에 의해 성립되었다. 천황은 "신성하며 침범해서는 안 된다"는 메이지明治 헌법상의 규정은 국체 이데올로기의 근간이며, 그 때문에 천황은 전쟁책임도 추궁당하지 않는다(무답책)는 논리가 버젓하게 통용되었다. 그와 같은 구조는 천황 이외의 인민이 신분제를 받아들이고 자발적인 신민이 될 때에만 성립한다. 일본은 72년 전의 패전에 의해 이 제도에서 빠져나왔고, 일본인들은 신민에서 시민으로 자기를 해방할 수 있었을 터였다. 그런데 지금 리버럴파 지식인이 스스로 나서서 '신민'의 입장을 선택하는 것이다. 패전으로 인해 한때는 극복되는 듯이 보였던 '신분제'적 가치관이 살아남아 부활한 것이다. 더욱이 그에 대한 이성적인 비판의 목소리는 들리지 않는다. 이것은 프랑스혁명 이후 인류사회가 쌓아올린 인권, 평등, 자유, 민주와 같은 보편적 가치에 대한 파괴행위가 아닌가. 그야말로 과거의 국체 이데올로그들이 서양식 개인주의를 극복한다는 등의 주장을 하며 침략전쟁 수행의 선봉에 섰던 역할의 재현일 것이다.

　두 번째로 이 논의에 빠져 있는 것은 천황제에 의해 희생을 강요당한 사람들, 특히 아시아의 전쟁피해자의 시점이다. 그야말로 천황의 '초월적 영성'이라는 허구에 의해 침략과 지배가 수행되었던 것이다. 이것은 앞에서 언급했으므로 더 이상 반복하지 않겠다. 명백한 것은 이 논자가 조금도 과거에서 배우지 않았다는 것이다.

　일본에서 국체 이데올로기는 살아남았다. 정치가가 「교육칙어」를 예찬하거나,[3] '팔굉일우八紘一宇' 같은 대일본제국의 슬로건을 입에 담거나 해도 사회에서 받는 비판은 미약하고 지위를 위협받지도 않는다.[4] 일본의 현 정권 각료 중 대다수가 '일본회의'[5]라는 신도계열 국수주의 단체에 가맹해 있다. 일본은 객관적으로 보면 극우 국수주의

3　전후 일본에서 「교육칙어」 부활을 주장하는 정치가는 끊이지 않는데, 현재 아베 정권에서 이러한 분위기는 더욱더 고양되어 2017년 3월 31일에는 내각이 "교육칙어를 교재로 사용하는 것까지는 부정될 일이 아니다"라고 각의결정을 하기에 이르렀다.

정권 국가이다. 이러한 일본, 국민의 다수가 과거의 국체 이데올로기를 청산하지 못하고 일본은 일본이니까 훌륭하다고 하는 공허한 자기중심주의로 일관하는 사람들의 나라, 그것이야말로 세계평화에 대한 위협이다.

　따라서 지금 우리가 『국체의 본의』를 읽고 국체 이데올로기를 보다 근본적으로 비판하는 것은 단지 조선민족을 위한 것일 뿐만 아니라, 일본인을 포함한 인류평화를 위한 것이기도 하다.

2017년 8월 18일 일본 신슈信州에서

서경식(도쿄경제대학 교수)

---

4 2015년 3월 16일에 참의원 예산위원회에서 기업의 국제적인 조세회피 문제에 관한 질문을 한 자민당의 미하라 준코三原じゅん子 의원이 "여러분에게 소개하고 싶은 것이 일본이 건국 이래로 소중히 해 온 가치관 팔굉일우입니다"라고 한 발언을 말한다. 그녀는 "세계가 한 가족처럼 돈독하게 지내는 것"이라며 뜻을 설명하고 그러한 원리 속에 "현재 글로벌 자본주의 속에서 일본이 어떻게 활약해야 하는가가 제시되어 있지 않을까 생각합니다"라고 했다. 이에 대해 침략전쟁을 정당화한다는 비판도 있었지만, 옹호하는 의견도 적지 않았다.
5 1997년에 설립된 일본 최대 민간 우익단체로, 약 4만 명의 회원을 거느리고 전국에 지방본부가 있다. '아름다운 일본 건설과 자랑스러운 나라 만들기'를 목표로 헌법 개정 등을 위한 국민운동을 전개하고 있다. 이 모임을 지원하는 일본회의국회의원간담회에는 국회의원 약 290명, 지방의원 1,800명이 소속되어 있으며, 아베 신조安倍晋三, 아소 다로麻生太郎가 특별고문을 맡고 있다.

차례

한국어역『국체의 본의』

02　당시 중학교 졸업기념으로
학교에서 학생들에게 나누어 주던
『국체의 본의』

한국어역

『국체의 본의』

Kokutai no Hongi

- 하나, 본서는 국체를 명징明徵하게 하고, 국민정신을 함양·진작해야 할 각하閣下의 급무를 감안하여 편찬했다.
- 하나, 우리의 국체는 광대하고 심원하여, 본서의 서술이 그 진의를 다 드러낼 수 없음이 송구스럽다.
- 하나, 본서의『고사기古事記』,『일본서기日本書紀』인용문은 주로『고훈 고사기古訓古事記』,『일본서기 통석日本書記通釋』의 훈에 따랐고, 신들의 이름은 주로『일본서기』에 따랐다.

서언

현대 일본과 사상문제

우리나라는 이제 국운이 대단히 번성하여 해외 발전의 기운이 현저하며, 전도가 더욱 희망찬 시기를 맞이하고 있다. 산업은 융성하고 국방은 위력을 더하여 생활은 풍요로워졌고 문화의 발전은 다방면에서 현저하다. 일찍이 지나支那와 인도에서 유래한 동양문화는, 우리나라[일본]에 수입되어 신대神代로부터 변하지 않는 국체에 순화醇化되었고, 더욱이 메이지明治[1868~1912]와 다이쇼大正[1912~1926] 시대 이래로 구미 근대 문화의 수입을 통해 다양한 문물이 현저한 발달을 이룩했다. 문물과 제도가 정비되고 학술에 일대 진보를 이루었으며, 사상과 문화의 다채로움이 극에 달하여, 만약 만엽萬葉 가인[1]들이 오늘

---

1 8세기 말에 성립된 것으로 보이는 일본 최고最古의 와카和歌집인 『만엽집萬葉集』에 작품을 남긴 가인들을 말한다. 와카는 일본의 정형시를 대표하는 것으로 7세기 중엽에 완성된 음수율 정형의 시가이다. 성립 초기부터 천황을 중심으로 한 상류층 귀족들이 향수층의 중심을 이루었고, 귀족문화의 상징으로 그들의 비호를 받으며 근세 이후까지 명맥을 유지한

날을 살았다면 다시금 "천황의 백성御民인 우리는 살아있는 보람이 있습니다. 천지가 번영하는 시절을 만난 것을 생각하면"[『만엽집萬葉集』 권6, 996번]이라는 노래를 할 것이다. 메이지 유신의 홍업鴻業에 의해 오랜 누습陋習을 타파하고 봉건적 속박을 제거하여 국민은 그 뜻을 제대로 이루고 본분을 다했다. 그로부터 70년이 흘러 오늘날의 성대를 구가하기에 이르렀다.

그러나 이 성대를 가만히 돌아보면, 실로 안온하고 평탄한 것은 아니었다. 안으로도 밖으로도 파란만장하여, 발전의 앞길에 수많은 곤란함이 도사리고 있었고, 융성의 내면에는 혼란이 담겨 있었다. 즉, 국체의 본의는 자칫 투철하지 않아, 학문, 교육, 정치, 경제뿐만 아니라 국민 생활 전반에 수많은 결함을 낳았다. 발전하려는 힘은 혼란의 원인과 안팎으로 복잡하게 엉켜 있고 찬연한 문화는 안으로 훈유薰蕕[2]를 모두 내포하여, 여기에 다양한 곤란한 문제를 야기하고 있다. 이제 우리나라가 일대 약진을 이루려 함에 있어, 생채生彩와 음영이 함께 표출된 감이 있다. 그러나 이것은 어디까지나 발전의 기회이고 진보의 시기이다. 우리는 현재 노정되고 있는 내외의 진상을 제대로 파악하여 앞으로 나아갈 길을 밝히는 한편, 분연히 떨쳐 일어나 난국의 타파에 힘쓰고 국운의 신장에 더욱 공헌하지 않으면 안 된다.

다. 그런데 『만엽집』에 한하여 지방의 노래나 군인들의 노래 같은 피지배층의 와카도 일부 포함되어 있다. 이러한 와카사和歌史에서의 『만엽집』의 특징은 근대 이후 와카 성립 초기의 향수층의 범계급적 성격으로 미화되어, 천황 친정 시대인 고대의 찬란한 국민가집으로 추앙되었고, 이윽고 제국주의 체제 속에서 황국사관과 깊이 맺어지게 된다.

2 향기 나는 풀과 누린내 나는 풀이라는 뜻으로, 선과 악을 비유적으로 이르는 말.

현재 우리나라의 사상과 사회에 드러나는 여러 폐해는, 메이지 이후 너무나도 급격히 다종다양한 구미의 문물, 제도, 학술을 수입한 탓에, 자칫 근본을 잊고 말단을 좇아 엄정한 비판을 결여하고 철저한 순화를 이루지 못한 결과이다. 애초에 우리나라에 수입된 서양사상은 주로 18세기 이후의 계몽사상이거나 혹은 그 연장선상에서 생겨난 사상이다. 이 사상들의 근저를 이루는 세계관과 인생관은, 역사적 고찰이 결여된 합리주의이자 실증주의로, 한편으로는 개인에게 지고의 가치를 인정하여 개인의 자유와 평등을 주장함과 동시에, 다른 한편으로는 국가나 민족을 초월한 추상적인 세계성을 존중하는 것이다. 따라서 거기에서는 역사적 전체로부터 고립되어 추상화된 개개의 독립된 인간과 그 집합이 중시된다. 이와 같은 세계관과 인생관을 기반으로 하는 정치학설, 사회학설, 도덕학설, 교육학설 등이, 한편으로는 우리나라의 각종 개혁에 공헌했지만, 다른 한편으로는 우리나라 본래의 사상과 문화에 그 영향을 깊고 넓게 미쳤다.

우리나라의 계몽운동에서는, 먼저 프랑스 계몽기의 정치철학인 자유민권사상을 비롯해, 영미의 의회정치사상이나 실리주의와 공리주의, 독일의 국권사상 등이 수입되어 고루한 관습이나 제도의 개폐에 그 힘을 발휘했다. 이러한 운동은, 문명개화의 이름 아래 널리 시대풍조를 이루고, 정치, 경제, 사상, 풍습 등을 움직여, 이른바 구화주의歐化主義 시대를 출현시켰다. 그러나 이에 맞서 전통복귀운동이 일어났다. 그것은 국수보존의 이름으로 행해진 것으로, 팽배한 서양문화 수입의 조류에 저항한 국민적 자각의 출현이었다. 생각건대 극단적인 서구화는 우리나라의 전통을 훼손하고, 역사의 내면을 흐르는 국민적 정신을 위미萎靡시킬 위험이 있었기 때문이다. 이리하여 구화주의와 국수보존주의의 대립이 초래되어 사상은 혼미에 빠지고, 국민은 안으로 전통에 따라야 할지, 밖으로 신사상에 붙어야 할지 고민했다. 그런데 메이지 23년[1890] 「교육에 관한 칙어」[3]가 반포되기에 이르러, 국민은 천황의 역대 선조가 처음으로 나라를 세우시고, 온 백성에게 고루 교화의 은혜를 베푸신 성업과 그 실천해야하는 큰 도리를 깨닫고, 이에 나아갈 확고한 방향을 찾았다. 그런데 구미문화 수입의 기세는 여전히 활발한 탓에, 이 국체에 기초한 큰 도리가 명시되었음에도 불구하고, 아직 소화되지 않은 서양사상은 그 후에도 여전히 유행이 극에 달했다. 즉, 서양의 개인 본위 사상은 더욱 새로운 기치 아래 실증주의와 자연주의로 들어왔고, 그것을 전후하여 이상주의 사상과 학술도 수용되었고, 이어서 민주주의, 사회주의, 무정부주의, 공산주의 등이 침입하게 되었다. 최근에 이르러서는 파시즘 등의 수입을 겪고, 마침내 오늘날 우리가 당면하는 사상과 사회에서 혼란을 야기하여 국체에 관한 근본적 자각을 환기하기에 이르렀다.

국체의 자각

애초에 사회주의, 무정부주의, 공산주의 같은 과격한 사상은 궁극

---

3 국민도덕을 기본으로 제시하고 교육의 근본이념을 밝히기 위해 1890년에 반포되었다. 교육의 근본을 천황의 역대 선조의 유훈에서 찾아 충효의 덕을 국민교육의 중심에 두었다. 교육칙어는 식민지 조선의 교육정책에도 철저히 반영되었다. 1948년에 국회에서 효력 상실과 배제를 결의했다. 본서 자료 「5개조의 서문」(메이지 원년[1868] 3월 14일) 참조.

적으로는 대개 서양 근대사상의 토대를 이루는 개인주의에 기인하는 것으로, 그것이 여러 형태로 발현된 것에 지나지 않는다. 개인주의를 근본으로 하는 구미에서도 공산주의에 대해서는 역시 이것을 용인할 수 없어서, 지금은 그 본래의 개인주의를 버리고자 하여 전체주의와 국민주의가 발흥하였고, 파쇼 나치스도 대두하게 되었다. 즉, 막다른 길에 봉착한 개인주의는 구미에서도 우리나라에서도, 사상에서도 사회에서도 혼란과 전환의 시기를 초래했다고 할 수 있다. 오랫동안 개인주의 아래 그 사회와 국가를 발달시켜온 구미가 오늘날의 위기를 어떻게 타개할지의 문제는 잠시 접어 두고 우리나라에 관한 한, 실로 우리나라의 독자적인 입장으로 돌아가, 만고불역萬古不易의 국체를 천명하고 구미에 대한 일체의 추수追隨를 배제하여 능히 본래의 모습을 드러내고, 게다가 고루함을 버리고 더욱더 구미문화의 섭취와 순화에 힘써 근본을 세우고 말단을 살려, 총명하고 광량한 신일본을 건설해야 한다. 즉, 오늘날 우리 국민사상의 상극相剋, 생활의 동요, 문화의 혼란은 우리 국민들이 서양사상의 본질을 철저히 파악함과 동시에, 진실로 우리 국체의 본의를 체득할 때 비로소 해결된다. 그리고 이것은 비단 우리나라만을 위해서가 아니고, 오늘날 막다른 길에 봉착한 개인주의의 타개를 위해 고투하는 세계 인류를 위한 것이기도 하다. 여기에 우리의 중대한 세계사적 사명이 있다. 이에『국체의 본의』를 편찬하여 건국肇國의 유래를 밝히고, 그 큰 정신을 천명하는 한편, 국체가 국사에 현현하는 모습을 명시하고, 나아가 이것을 오늘의 세상에 설파하여 국민의 자각과 노력을 촉구하는 바이다.

제1장 대일본 국체

1. 건국肇國

대일본제국은 만세일계[1]의 천황이 황조의 신칙神勅을 받들어 영원히 통치하신다. 이것이 우리 만고불역의 국체이다. 그리고 이 대의를 기반으로 일대 가족국가로서 억조億兆가 일심으로 성지聖旨를 받들고 명심하여, 능히 충효의 미덕을 발휘한다. 이것이 우리 국체가 정화精華로 삼는 바이다. 이 국체는 우리나라의 영원불변한 근본으로, 역사를 관통하여 일관되게 빛나고 있다. 그리고 그것은 국가의 발전과 함께 더욱더 공고하고 천양天壤과 함께 무궁하다. 우리는 먼저, 우리나라가 시작된 그 사실 안에서 이 근본이 어떻게 생생히 빛나고 있는지

1　천황의 황통이 영원히 한 계통으로 이어지는 것을 의미한다. '만세일계'라는 말은 메이지 유신의 공신인 이와쿠라 도모미의 「왕제복고의王政復古議」(1867)에 처음 나오는 것으로 되어 있다.

알아야 한다.

천지개벽

우리나라가 시작된 것은 황조 아마테라스 대신天照大神[2]이 신칙을 황손皇孫인 니니기 님瓊瓊杵尊에게 내리시어 도요아시하라노미즈호국豊葦原の瑞穂の國[일본][3]에 강림하셨을 때이셨다.[4] 그리하여 『고사기』, 『일본서기』[5] 등은 황조가 나라를 시작하신 것을 기록함에 있어, 우선 천지개벽과 수리고성修理固成을 전하고 있다. 즉 『고사기』는 이렇게 전한다.

천지가 열리기 시작했을 때 다카마노하라高天原[6]에 나타나신 신의 이름은 아메노미나카누시 신天之御中主神[7]이고, 다음으로 다카미무스비 신天御産巣日神,

---

2 일본신화의 천상세계인 다카마노하라高天原의 주신으로 이자나기의 딸이다. 태양신이 자 일본 황실의 조상신으로 이세 신궁伊勢神宮의 내궁에 모셔져 있다. 오히루메노무치大日孁貴라고도 한다. 天照大神의 원음은 아마테라스 오미카미인데 가독성을 위해 본문에서 모두 아마테라스 '대신'으로 번역한다.
3 신의 뜻에 따라 벼가 잘 자라 번영하는 나라라는 뜻으로 일본의 미칭이다. 본서에서는 비슷한 뜻으로 도요아시하라노치이호아키노미즈호국豊葦原の千五百秋の瑞穂の國, 아시하라 중국葦原の中國, 중국中洲之地 등이 쓰였다.
4 니니기는 아마테라스의 손자로, 아마테라스의 명령으로 도요아시하라노미즈호국을 통치하기 위해 다카마노하라에서 휴가日向의 다카치호 봉우리高千穂峰에 강림했다고 한다.
5 8세기 초에 성립한 역사서이다. 『고사기』, 『일본서기』를 합쳐 '기기記紀'로 통칭하기도 한다.
6 아시하라 중국葦原の中國[일본]이라는 지상세계에 대응하는 천신天つ神의 세계, 천상계를 말한다.
7 천상[다카마노하라]의 중앙에서 천지를 주재하는 신을 뜻하는 이름이다.

다음으로 가미무스비 신神産巢日神,[8] 이 세 신은 모두 독신獨神[9]으로 나타나셔서 몸을 숨기셨다.

『일본서기』도 이렇게 기록한다.

하늘이 먼저 생기고 땅은 늦게 정해졌다. 그 후에 신이 그 안에서 태어나셨다. 그리고 전해지는 바에 따르면, 천지가 열리는 시초에 국토가 떠다니는 것이 마치 헤엄치는 물고기가 물 위에 떠 있는 듯했다. 그때 하늘과 땅 안에 어떤 물체가 생겼다. 그 형상은 움트는 갈대의 싹 같았다. 머지않아 그것이 신이 되셨는데 구니노토코타치 님國常立尊[10]이라고 한다.

이와 같은 이야기와 전승은 고래古來의 국가적 신념으로, 우리나라는 이와 같은 유구한 곳에 그 근원을 발하고 있다.

수리고성修理固城

그리고 구니노토코타치 님을 시조로 하는 신대神代 7대[11]의 마지막에 이자나기 님伊弉諾尊과 이자나미 님伊弉冉尊 두 신이 탄생하신 것이

---

8 다카미무스비 신天御産巢日神과 가미무스비 신神産巢日神은 만물의 생산과 생성을 관장하는 신으로, 다카미무스비는 다카마노하라 계통[황실 계통], 가미무스비는 이즈모 계통의 신이다..

9 배우자나 계보 관계를 갖지 않는 단독 신을 말한다.

10 일본신화의 근원 신으로 일부 신도의 신흥종교에서 중요시되고 있다. 『일본서기』에서는 최초의 신이다. 國常立尊의 원음은 '구니노토코다치노미코토'인데 가독성을 위해 '尊'를 '님'으로 번역했다. 본서에 등장하는 모든 '尊'도 마찬가지로 '님'으로 번역한다.

다. 『고사기』에 의하면 두 신은 천신天神 등 여러 신의 명령을 받아 표
류하는 국토를 정리하고 견고하게 하는 수리고성修理固成의 대업을
성취하셨다. 바로 이러한 내용이다.

　　이에 천신 일동이 분부하여 이자나기 님과 이자나미 님 두 신에게 "이 떠다
니는 국토를 잘 다듬어 굳건히 만들라"고 말씀하시며 아마노누보코天沼矛[신성
한 창]를 주시어 위임하셨다.

　　이리하여 이자나기 님과 이자나미 님 두 신은 먼저 오야시마大八洲
[일본]를 낳고, 이어서 산천과 초목, 신들을 낳고, 나아가 이들을 통치
하실 지고의 신이신 아마테라스 대신을 낳으셨다.

11　천지개벽 당시 생겨난 7대 신들의 총칭이다. 『일본서기』에는 11신, 『고사기』에는 12신
이 등장한다. 처음에는 추상적이었던 신들이 점차 남녀로 나뉘어 이성을 느끼게 되고 최종
적으로 사랑을 찾아 부부가 되는 과정을 통해 남녀의 몸이나 성이 완성되어 가는 것을 나
타내는 부분으로 일컬어진다. 여기에는 『일본서기』의 7대 신들을 표로 제시한다[왼쪽은
남신, 오른쪽은 여신].

1	구니노토코타치 님国常立尊	
2	구니노사쓰치 님国狭槌尊	
3	도요쿠무누 님豊斟渟尊	
4	우이지니 님泥土煮尊	스이지니 님沙土煮尊
5	오토노지 님大戸之道尊	오토마베 님大苫辺尊
6	오모다루 님面足尊	가시코네 님惶根尊
7	이자나기 님伊弉諾尊	이자나미 님伊弉冉尊

아마테라스 대신天照大神

『고사기』에는 이렇게 기록되어 있다.

이때 이자나기 님은 크게 기뻐하며 "나는 자식을 계속 낳은 끝에 귀한 자식 셋을 얻을 수 있었다"고 말씀하시고 즉시 목장식의 구슬 끈을, 구슬이 영롱한 소리를 내도록 흔들면서 아마테라스 대신에게 하사하시며 "너는 다카마노하라를 통치하라"고 위임하셨다.

또한 『일본서기』의 기록은 다음과 같다.

이자나기 님과 이자나미 님은 의논하여 "우리가 이미 오야시마국大八洲國[일본]과 산천초목을 낳았다. 어찌 천하의 주인이 될 신을 낳지 않을 수 있겠는가"라고 말씀하셨다. 그래서 함께 태양신日神을 낳으셨다. 이것을 오히루메노무치大日靈貴라고 한다(어떤 책에는 아마테라스 대신이라고 하고, 또 어떤 책에는 아마테라스오히루메 님이라고 한다). 이 아이는 빛이 밝고 아름다워 온 천지를 두루 비추셨다.

아마테라스 대신은 태양신 또는 오히루메노무치大日靈貴라고도 하여, 『일본서기』에 "빛이 밝고 아름다워 온 천지를 두루 비추셨다"고 하듯이, 그 능위稜威는 광대하고 무변하여, 만물을 천지자연의 이치로 기르신다. 즉, 아마테라스 대신은 다카마노하라의 신들을 비롯하여 이자나기 님과 이자나미 님 두 신이 낳으신 국토를 애호하고 만물을 어루만져 기르시어 생성 발전시키신다.

신칙과 황손의 강림

아마테라스 대신은 이 크신 마음과 크신 과업을 천양天壤과 함께 무궁하고 더욱 영화롭게 발전시키시기 위하여 황손을 강림케 하시고 신칙을 내리시어 군신君臣의 대의를 정하고, 우리나라 제사와 정치와 교육의 근본을 확립하셨으며, 여기에 건국의 대업이 완성된 것이다. 우리나라는 이와 같은 유구하고 심원한 국가를 열었다는 사실에서 출발하여 천양과 함께 무궁하게 생성 발전하므로, 참으로 세계만방에 유례를 찾을 수 없는 일대 성사盛事를 눈앞에서 실현하고 있다.

아마테라스 대신이 황손 니니기 님을 내려보내시기에 앞서 동생인 스사노오 님素戔嗚尊[12]의 자손이신 오쿠니누시 신大國主神[13]을 중심으로 하는 이즈모出雲의 신들이 아마테라스 대신의 대명大命을 황송하게 받드시고, 이에 황손은 도요아시하라노미즈호국豊葦原の瑞穂の國[일본][14]에 강림하시게 되었다. 그리하여 황손 강림 당시에 내려주신 천양무궁의 신칙에서는 다음과 같이 말씀하셨다.

도요아시하라노치이호아키노미즈호국豊葦原の千五百秋の瑞穂の國[일본]은 내 자

---

12 이자나기와 이자나미 사이에서 태어난 자식으로 아마테라스의 남동생이다. 난폭한 행동을 한 탓에 아마테라스가 분노하여 천상의 동굴 속으로 들어가 버려 암흑을 초래했기 때문에 다카마노하라에서 추방당했다. 이즈모에 내려와 야마타노오로치八岐大蛇를 퇴치하고 구시나다 공주奇稲田姫를 구출했으며, 뱀의 꼬리에서 얻은 검[草薙劍]을 아마테라스에게 바쳤다.

13 『고사기』 이즈모 신화의 주신으로, 스사노오의 자손이다. 아시하라 중국葦原中国[일본]을 완성시켜 통치하다가 황실의 조상에게 나라를 양보했다. 이즈모 대사出雲大社의 제신이다.

14 풍요롭게 갈대가 우거지고 영원 무궁히 벼이삭이 영그는 일본의 국토라는 의미로, 일본의 미칭이다.

손이 왕이어야 하는 땅이다. 내 황손들이여, 가서 통치하라, 자 가라, 황위寶祚
의 번영은 천양과 함께 더욱더 무궁하리라.

　즉 여기에 엄연한 군신의 대의大義가 명시되어 우리 국체는 확립되
었고, 천지를 통치하시는 위대한 신인 아마테라스 대신의 자손이, 이
미즈호국에 군림하시어 그 황위의 번영이 천양과 함께 더욱더 무궁
한 것이다. 그리하여 이 건국의 대의는 황손의 강림에 의해 만고불역
의 도요아시하라노미즈호국[일본]에 실현되는 것이다.
　나아가 신의 거울을 모시는 신칙에서는 이렇게 말씀하셨다.

　　이 거울은 오로지 나의 혼으로서 내 앞에 절하듯이 섬기라.

　즉 신의 거울은 아마테라스 대신의 숭고한 신위로서 황손에게 내
려져 역대 천황은 이것을 이어 받아 소중히 모신다. 역대 천황이 이
거울을 물려받으시는 것은 항상 아마테라스 대신과 함께 계시는 커
다란 마음이며, 아마테라스 대신은 신의 거울과 함께 여기에 계신다.
천황은 항상 신의 거울을 소중히 모시고 아마테라스 대신의 마음을
스스로의 마음으로 삼으시어 대신과 일체가 되시는 것이다. 그리하
여 이것이 우리나라 경신숭조敬神崇祖의 근본이다.
　또 이 신칙에서는 이어서 이렇게 말씀하신다.

오모히카네 신思金神[15]은 나의 뜻을 헤아려 다스리라.

이 조칙詔勅은, 오모히카네 신이 아마테라스 대신의 말씀대로 항상 신의 뜻을 헤아려 다스려야 한다는 것을 명시하신 것으로, 이것은 아마테라스 대신의 자손으로서 살아계신 신이신 천황과, 천황의 명령에 따라 정사를 행하는 자와의 관계를 분명히 제시하신 것이다. 즉, 우리나라의 정치는 위로는 황조황종皇祖皇宗의 신령을 모시고, 살아계신 신으로서 천하 만민을 이끄는 천황이 통치하시는 곳으로, 정사에 임하는 자는 크신 마음을 공경하고 받들어 보익輔翼의 지성을 다하는 것이다. 그러므로 우리나라의 정치는 신성한 사업이고 결코 사적인 재량이 아니다.

이에 천황의 본질을 밝히고, 우리 국체를 한층 명징하게 하기 위하여, 신칙 속에 보이는 천양무궁과 만세일계의 황위와 삼종의 신기 등에 대해 그 의의를 천명하지 않으면 안 된다.

천양무궁

천양무궁이란 천지와 함께 무궁하다는 뜻이다. 생각건대, 무궁이라는 것을 단순히 시간적 연속으로만 이해하는 것은 아직 그 의미를 다 헤아린 것이 아니다. 일반적으로 영원이나 무한이라는 말은 단순

---

15 다카미무스비 신의 자식으로 지혜의 신이다. 천상의 동굴에 들어간 아마테라스를 밖으로 유도해 내는 방법을 생각해 냈다. 또한 아시하라 중국[일본] 평정 당시의 사신을 선정하여 니니기를 따라 지상으로 내려왔다.

한 시간적 연속에서의 영구성을 의미하는 것이지만, 이른바 천양무궁은 한층 더 깊은 의의를 가지고 있다. 즉, 영원을 나타냄과 동시에 현재를 의미한다. 살아계신 신이신 천황의 크신 마음과 크신 과업 안에는 황조황종의 마음이 깃들어 계시고, 또한 그 안에 우리나라의 무한한 장래가 살아있다. 우리 황위가 천양무궁하다는 의미는, 실로 과거도 미래도 현재에 하나가 되어 우리나라가 영원한 생명을 지니며 무궁히 발전해 간다는 것이다. 우리나라의 역사는 영원한 현재의 전개이고, 우리 역사의 근저에는 언제나 영원한 현재가 흐르고 있다.

「교육에 관한 칙어」에 "천양무궁의 황운을 받들어야 한다"고 말씀하셨는데, 이것은 신민 각자가 황조황종의 유훈을 받들어 전하시는 천황에게 봉사하고 크신 마음을 받들어 능히 그 길을 행할 때에 실현된다. 이로써 군신이 몸을 하나로 하여 무궁히 생성 발전함으로써 황위는 더욱 번창하시는 것이다. 진정으로 천양무궁의 황위는 우리 국체의 근본이므로, 이것을 건국의 시초에 영구히 확정하신 것이 천양무궁의 신칙이다.

만세일계의 황위

황위는 만세일계의 천황의 직위이고, 오로지 한 계통의 아마쓰히쓰기天ッ日嗣[태양신의 혈통을 계승한 천황의 직위]이다. 황위는 황조의 자손이시고 황조황종이 시작하신 나라를 이어받아 이것을 태평천국으로 평정하여 통치하시는 것을 크신 과업으로 삼으시는 천황의 직위이며, 황조와 일체가 되시어 그 크신 마음을 여기에 드러내셔서 나라를

번영케 하시고 백성을 불쌍히 여기시는 천황의 지위이시다. 신민은 살아계신 신이신 천황을 받들어 섬김으로써 동시에 황조황종을 받들고 그 은혜를 입어 우리나라의 신민이 되는 것이다. 이와 같이 황위는 존엄하기 그지없는 높으신 자리이시고 영원히 흔들림 없는 나라의 근본이다.

　높으신 자리에 오르시는 천황이 만세일계의 황통에서 나신 것은 건국의 근본이고 신칙에 명시하신 바이다. 즉 아마테라스 대신의 자손이 대대로 이 지위에 오르시는 것은, 영구히 변함없는 대의이다. 개인의 집단을 국가로 여기는 외국에서는 군주는 지와 덕과 힘을 표준으로 하여, 덕 있는 자는 그 지위에 오르고 덕 없는 자는 그 자리에서 물러나기도 하고, 권력에 의해 지배자의 위치에 오르고 권력을 잃으면 그 지위에서 추방당하기도 하고, 또는 주권자인 민중의 뜻에 따라 선거에 의해 결정되는 등, 오로지 인간의 소행, 인간의 힘에 의해서만 이것을 정하게 되어 버린 것은 아마도 어쩔 수 없는 일일 것이다. 더욱이 덕이나 힘 같은 것은 상대적인 것이기 때문에, 당연히 권세나 이해에 따라서 투쟁을 낳아 자연스럽게 혁명 국가의 기질을 이루게 된다. 그렇지만 우리나라에서 황위는 만세일계의 황통에서 나신 분에 의해 계승되어 절대 변동되는 일이 없다. 그러므로 이와 같은 황위에 계시는 천황은, 자연히 그윽한 덕을 갖추고 계시므로 그 지위는 더욱 공고하시고 또한 신성하신 것이다. 신민이 천황을 섬기는 것은 이른바 의무가 아니고 힘에 굴복하는 것도 아니며, 그지없이 자연스러운 마음의 표현이자 지존에 대해 섬기는 자발적인 추앙과 순종이다. 우리 국민들은 이 황통이 더욱더 번영하시는 까닭과 외국에 유례를 볼 수 없는 존엄하심을 깊이 마음에 새겨 섬기는 것이다.

삼종 신기神器

황위의 표식으로 삼종의 신기가 있다. 『일본서기』에는 이렇게 기록되어 있다.

아마테라스 대신은 아마쓰히코히코호노니니기 님天津彦彦火瓊瓊杵尊[니니기의 별칭]에게 야사카니 곡옥八坂瓊曲玉과 야타 거울八咫鏡, 구사나기 검草薙劍 삼종의 보물을 하사하셨다.

이 삼종의 신기는 천상의 동굴天岩屋 앞에서 봉납된 야사카니 곡옥과 야타 거울, 스사노오 님이 바치신 아마노무라구모 검天叢雲劍[草薙劍]의 삼종을 말한다.[16] 황조는 황손이 강림할 때에 특히 이것을 하사하신 이래로 신기는 연면히 대대손손 전하시는 황위의 표식이 되었다. 따라서 역대 천황은 황위 계승 때에 이것을 받으시어 아마테라스 대신의 크신 마음을 그대로 전하시고, 그 중에서도 특히 신의 거울을 황조의 신위로 받들어 섬기신다.

---

16 야타 거울은 아마테라스가 천상의 동굴에 들어갔을 때 아마테라스를 밖으로 유도하기 위해서 만들어진 것으로, 동굴 문이 살짝 열렸을 때 이 거울에 대신의 모습을 비추자 흥미를 보이며 밖으로 나와 다시 세상이 밝아졌다고 한다. 야사카니 곡옥도 그때 거울과 함께 사용된 것이다. 구사나기 검은 스사노오가 이즈모에서 야마타노오로치를 퇴치한 후 그 꼬리에서 얻은 것이다.

황송하게도 쇼와昭和 천황폐하 즉위식[1928년 11월 6일]의 칙어에서
는 이렇게 말씀하셨다.

　짐은 조종祖宗의 위령威靈에 의해 삼가 황통을 이어받아 공손히 신기를 봉헌
하고 여기에 즉위의 예를 행하여 너희 백성들에게 분명히 고한다.

그리고 이 삼종의 신기에 대해서는 정치의 요체要諦를 제시하신 것
으로 해석하는 경우도 있고 혹은 도덕의 기본을 제시하신 것으로 보
는 사람도 있는데, 이러한 것은 국민이 존엄한 신기를 더욱더 받들고
섬기는 마음에서 자연스럽게 흘러나온 것으로 보아야 한다.

2. 성덕聖德

천황

이자나기 님과 이자나미 님 두 신의 수리고성은, 그 크신 마음을 이
어받으신 아마테라스 대신의 신칙에 의해 나라를 세우게 되고, 나아
가 진무 천황神武天皇[17]의 창업으로 이어져, 역대 천황의 과업으로 번

17　제1대 천황으로 여겨지고 있다. 니니기의 증손자로, 휴가日向를 출발하여 세토 내해瀬
戸内海를 동진하여 나니와難波에 상륙, 요시노吉野를 거쳐 야마토大和를 공략하여 마침내 야
마토 일대를 평정했다고 전해진다. 기원전 660년에 가시와라궁橿原宮에 도읍을 정하고 음
력 1월 1일에 즉위했다고 한다. 1873년에 진무 천황 즉위 일을 2월 11일로 하여 국가의 축
일인 기원절紀元節로 정했다.

영해 가셨다. 두 신에 의해 오야시마大八洲[일본]가 태어났고 아마테라
스 대신에 의해 나라가 시작되었다. 『일본서기』는 아마테라스 대신의
성덕을 "빛이 밝고 아름다워 온 천지를 두루 비추셨다"고 기록하고 있
다. 천황은 온 천지를 두루 비추시는 황조의 성덕을 구현하고, 황조황
종의 유훈을 계승하셔서 무궁하게 우리나라를 통치하신다. 그리하여
신민은 천황의 크신 마음을 받들고 명심하여 신의 뜻대로 천업天業을
삼가 보좌한다. 여기에 황국의 확립과 그 무한한 융창隆昌이 있다.

고토쿠 천황孝德天皇[18]은 다이카大化 3년[647]에 새로운 정치를 단행[19]
한 후의 조칙에서 이렇게 말씀하셨다.

신들은 황손에게 이 나라를 통치하도록 위임하셨다. 이로써 이 나라는 천
지가 열린 초기부터 천황이 통치하시는 나라이다.

또한 쇼와 천황폐하 즉위식의 칙어에는 이렇게 기록되어 있다.

또한 본서에 등장하는 천황에 대해 편의상 재위 기간 등을 표기하고는 있으나, 그것은 독
자의 이해를 돕기 위함일 뿐이라는 점을 강조하고자 한다. 몇대 천황, 재위 기간 몇 년은
만세일계의 천황을 뒷받침하기 위해 만들어진 기록이라는 점에 주의할 필요가 있다.

18 제36대 천황으로 재위기간은 645~654년이다. 재위 중에는 나니와궁難波宮에 궁정이
있었기 때문에 나니와조難波朝라는 별칭으로 불리기도 한다.

19 다이카 개신(645)을 말한다. 나카노오에 황자中大兄皇子와 후지와라노 가마타리藤原鎌足
등이 유력한 호족이었던 소가蘇我 씨를 타도하고 개시한 고대 정치사의 일대 개혁이다. 나
카노오에는 고토쿠 천황을 즉위시키고 자신은 황태자로서 실권을 잡았고, 이후에 즉위하
여 덴치 천황天智天皇이 되었다. 공지공민제, 지방행정조직의 확립, 호적, 계장計帳의 작성과
반전수수법班田收授法 시행, 조용조의 통일적 세제 실시를 중심으로 한 개신의 조칙을 발포
하여 호족 지배를 부정하고 중앙집권적 지배를 실현해 갔다.

짐이 생각건대, 우리 황조황종은 신의 뜻대로 전해 내려온 큰 도리에 따라 천하를 다스리시고, 만세 불역의 근본을 세우시어 유일한 계통의 영원무궁한 황위를 전하여 이로써 짐에게 이르렀다.

이에 역대 천황이 만세일계의 황위를 이어받으시고, 신의 뜻대로 큰 도리에 따라 더욱더 천하를 다스리시는 크신 마음을 받드신다.

진무 천황이 다카치호의 궁전에서 형님이신 이쓰세 님五瀬命과 논의하셨을 때 "어느 곳에 있으면 평안히 천하의 정치를 행할 수 있을까" 하고 말씀하신 것은 나라를 염려하고 백성을 굽어보시는 크신 마음의 표현이며, 또한 이것은 역대 천황의 정신이시기도 하다. 진무 천황은 즉위하실 즈음에 이렇게 말씀하셨다.

짐이 동쪽을 정복하고[東征] 나서 벌써 6년이 되었다. 천신皇天의 위엄에 힘입어 흉도는 멸망했다. 변방 지역은 아직 안정되지 않고 남은 흉도들이 여전히 강하다고 하지만 중국中洲之地[20][일본]은 더 이상 소란은 없다. 실로 이제 도읍을 열어 궁전을 지어야 한다. (……) 그런 후에 온 나라를 하나로 하여 도읍을 열고 온 천하八紘를 아울러 한 집一宇으로 삼는 것이 또한 실로 좋지 아니한가.

이 조칙은 진정으로 재앙을 물리치고 도리를 넓혀 한층 넓게 뻗어

---

20 '일본'을 지칭하는 단어로 자주 등장하는 中洲之地, 中國의 원음은 '나카쓰쿠니なかつくに'이다. '중심에 있는 나라'라는 의미로 중심 사상을 나타낸다. 본서에서는 모두 '중국'으로 번역한다. 제1장 각주 3의 설명 참조.

가는 우리나라의 눈부신 발전의 길을 제시하신 것이다. 그리고 이것
이야 말로 역대 천황이 영원히 이어가실 국가의 대계이다.

이리하여 천황은 황조황종의 마음을 그대로 체현하여 우리나라를
통치하시는 살아계신 신이시다. 이 현어신現御神(明神) 혹은 현인신現
人神이라고 말씀 올리는 것은 이른바 절대신이나 전지전능한 신 같은
의미와는 달리, 황조황종이 그 후손이신 천황에게 나타나시고 천황
은 황조황종과 일체가 되시어 영구히 신민과 국토의 생성 발전의 근
원이 되시고 한없이 존귀하고 황송한 분이라는 것을 나타낸다. 제국
헌법 제1조에 "대일본제국은 만세일계의 천황이 이것을 통치한다"고
되어 있고, 또 제3조에 "천황은 신성하며 침범해서는 안 된다"고 되
어 있는 것은 천황의 이러한 본질을 삼가 명확히 한 것이다. 따라서
천황은 외국의 군주와는 달리 국가 통치의 필요에 따라 세워진 주권
자도 아니고, 지력과 덕망을 기반으로 하여 신민으로부터 선정된 군
주도 아니시다.

경신敬神

천황은 아마테라스 대신의 자손이시고, 황조황종의 후손이시다.
천황의 지위는 위엄 있고 무겁지만, 그것이 천신의 자손으로서 이 막
중한 지위에 오르시는 이유이다. 몬무 천황文武天皇[21] 즉위 조칙에는

---

21 고대 천황으로 재위기간은 697~707년이다. 어려서 아버지인 구사카베 황자草壁皇子
[덴무 천황의 아들]를 잃고 할머니인 지토 천황持統天皇의 비호를 받으며 즉위했다. 재위 중
에 일본 최초의 율령인 다이호율령大寶律令이 반포되었다.

이렇게 쓰여 있다.

　　다카마노하라에서 천하의 정치를 시작한 먼 황조 시대부터 오늘날에 이르
기까지 천황의 황손이 탄생하시어 대대로 오야시마국[일본]을 통치하시면서
천신의 자손으로서 하늘에 계신 신의 뜻을 그대로 받드는구나.

　　이와 같이 역대 천황은 천신의 자손으로서 황조황종을 받들어 공
경하고, 황조황종과 일체가 되어 황위에 계신다. 그래서 옛날에는 진
무 천황이 도미鳥見[나라현 소재의 산]의 산속에 제단을 세워 황조 천신
을 모시고 효행의 큰 도리를 설파하신 것을 비롯하여 역대 천황은 모
두 황조황종의 신령을 숭경崇敬하여 친히 제사를 집행하시는 것이다.
　　천황은 항례恒例 및 임시의 제사를 가장 엄숙하게 집행하신다. 이
제사는 천황이 친히 황조황종의 신령을 모시고 더욱더 황조황종과
일체가 되시기 위함이므로, 이 제사를 통해 인민의 경복慶福, 국가의
번영을 기원하시는 것이다. 또한 고래로 농사에 관한 제사를 중시하
여, 특히 일대에 한번인 대상제大嘗祭와 매년 행해지는 신상제新嘗祭에
는 밤을 새워 친히 제사를 모신다.[22] 이것은 황손 강림 당시 아마테라
스 대신이 천양무궁의 신칙과 신기를 하사하시는 한편, 제사 모시는
뜰齋庭의 벼이삭을 내리신 것에서 기인하는 것이다. 당시의 신칙에는

22　신상제는 매년 11월에 천황이 거행하는 수확제로[11월 3일 근로감사의 날], 그해의
햇곡을 천황이 신에게 바치고 천황도 먹는 제의이다. 대상제는 천황이 즉위 예식 후에 처
음으로 행하는 신상제를 말한다. 이것은 대규모로 집행되어 대상제로 구별했던 것이다.

이렇게 되어 있다.

우리 다카마노하라에서 드시는 뜰의 벼이삭을 내 자손이 먹도록 바친다.

즉, 대상제 및 신상제에서는 황조께서 친히 내리신 벼이삭을 소중히 받들고, 미즈호국瑞穂の国[윤택한 곡식이 열리는 나라. 일본의 미칭]의 백성을 긍휼히 여기시는 신대神代로부터 이어지는 정신을 잘 엿볼 수 있다.

제정교祭政敎 일치

천황은 제사에 의해 황조황종과 일체가 되시고, 황조황종의 정신에 따라 통치하신 창생蒼生을 더욱더 어루만져 보살피시어 번영케 하신다. 여기에 천황이 국가를 통치하시는 정신을 뵈올 수 있다. 그러므로 신을 모시는 것과 정치를 행하시는 것은 그 근본이 일치한다. 또 천황은 황조황종의 유훈을 받들어 전하시어 이로써 건국의 대의와 국민이 실천해야 할 큰 도리를 밝히신다. 여기에 우리 교육의 근본이 있다. 따라서 교육도 그 근본에서는 제사와 정치와 일치하는 것이고, 제사와 정치와 교육은 각각의 기능을 하지만 귀결점은 완전히 하나이다.

국토 경영의 정신

천황의 국토 경영의 크신 마음은 우리 국사에서 항상 뚜렷이 엿볼 수 있다. 이 국토는 이자나기 님과 이자나미 님 두 신이 여러 천신의 말씀을 받들어 수리고성하신 것이다. 그리하여 황손 니니기 님은 아마테라스 대신의 신칙을 받들어 여러 신을 이끌고 강림하시어, 우리나라 영원부동의 기초를 정하셨다. 그 이래로 휴가日向[미야자키현]에서 히코나기사타케우가야후키아헤즈 님彦波瀲武鸕鶿草葺不合尊[진무 천황의 아버지]까지 대대로 올바른 마음을 돈독히 하셨다. 진무 천황에 이르러 도읍을 야마토로 정하고 온 백성을 평정하시어, 위로는 아마테라스 대신이 이 나라를 하사하신 덕에 보답하고 아래로는 황손이 바르신 마음을 널리 알리셨다. 그래서 역대 천황의 국토 경영의 정신은 황조가 황손을 강림케 하신 크신 마음에 기반하여 이 국토를 안태케 하시고 교화와 계도啓導의 덕을 고루 펼치시는 데에 있다. 스진 천황崇神天皇[23] 시대에 사도장군四道將軍을 지방으로 보내셨을 때에도 이 정신은 명백히 엿볼 수 있다. 즉 그 조칙에는 이렇게 되어 있다.

백성을 이끄는 근본은 올바른 교화에 있다. 지금 이미 천신지기天神地祇를 공경하여 받들어 재해는 모두 없어졌다. 그러나 도읍에서 멀리 떨어져 천황의 위엄이 미치지 않는 지방의 백성들은 아직 법도를 지키지 않고 있다. 이것은 아직 왕화王化에 익숙하지 않은 탓인가. 이에 경들을 선발하여 사방으로 보내니 짐의 법도를 알리라.

---

23 제10대 천황으로 불린다. 즉위 초에 신의 거울과 영검을 야마토의 가사누이읍笠縫邑으로 옮겨 아마테라스를 모셨다고 하며, 호쿠리쿠北陸, 도카이東海, 사이카이西海, 다니하丹波에 사도장군을 보내 야마토 국가의 범위를 넓히고, 수리시설을 개선하여 농업 발전을 도모하였고, 국가의 재정제도를 확립했다고 한다.

게이코 천황景行天皇[24] 시대에 야마토타케루 님日本武尊에게 명하여 구마소熊襲[규슈 남부에 살면서 오래도록 야마토 조정에 복속하지 않았던 종족]와 에조蝦夷[도호쿠東北와 홋카이도北海道에 살면서 조정에 복속하지 않았던 종족]를 평정하신 것도 역시 마찬가지이다. 더욱이 진구 황후神功皇后[25]가 신라에 출병하시고 간무 천황桓武天皇[26]이 사카노우에노 다무라마로坂上田村麻呂에게 명하여 오우奧羽[도호쿠 지방]를 진압하게 하신 것도, 최근에는 일청·일러 전쟁도 한국병합도, 만주국 건국에 진력하신 것도, 모두 위로는 아마테라스 대신이 이 나라를 하사하신 덕에 보답하고 아래로는 국토의 안녕과 애민愛民의 대업을 이루어 온 천하에 위광을 빛내고자 하시는 크신 마음의 표현에 다름 아니다. 메이지 천황은 이렇게 읊으셨다.

엄숙히 지키지 않겠는가, 신대로부터 이어져 내려온 평온한 나라
신대의 성스러운 시대의 발자취를 따라 우리 아시하라국[일본]을 다스리리.

이로써 천황의 존귀하고 크신 마음을 삼가 추찰해야 한다.

---

24 제12대 천황으로, 아들 야마토타케루를 파견하여 구마소와 에조를 평정하게 했다고 전해진다.
25 주아이 천황仲哀天皇의 황후로 천황 사후에 신라로 출진한다. 개선 후 쓰쿠시筑紫에서 오진 천황応神天皇을 출산하여 69년간 섭정을 했다고 전해진다.
26 제50대 천황으로 재위기간은 781~806년이다. 794년에 도읍을 헤이안경平安京으로 옮겼다. 재위 중에 사카노우에노 다무라마로를 정이대장군征夷大将軍으로 도호쿠 지방에 파견하는 등, 조정 권력을 크게 신장시켰다.

애민愛民

천황이 억조창생을 무한히 보살피시는 흔적은 국사國史를 통해 항상 엿볼 수 있다. 황송하게도 천황은 신민을 친히 '보물'로 삼으시고 아기로 여기시어 애호愛護하시고 그 협익協翼에 의하여 황유皇猷[천황의 통치원리]를 넓히고자 하셨다. 이 크신 마음을 가지고 역대 천황은 신민의 경복慶福을 위해 마음을 쏟으시고, 그저 올바른 것을 권하실 뿐 아니라, 나쁘게 비뚤어진 것도 자비로 마음을 고치시는 것이다.

아마테라스 대신이 황손을 보내시기에 앞서 이즈모의 신들의 공순恭順을 권하셨을 때에도 평화적 수단을 으뜸으로 하시고, 오쿠니누시 신이 공순하시기에 이르자 궁전을 세워 후하게 대접하셨다. 오늘날까지 이즈모 대사出雲大社가 중시되는 이유가 바로 이것이다. 이러하신 인애仁愛는 황조 이래로 항상 이 국토를 통치하시는 천황의 정신이시다.

역대 천황이 억조창생을 애양愛養하고 의식주를 풍요롭게 하고 재해를 제거하여, 오로지 백성을 걱정함으로써 천업을 펼치시는 중요한 책무로 삼으시는 것은 다시 말할 필요도 없다. 스이닌 천황垂仁天皇[27]은 많은 수리시설을 만들어 농사를 권장하셨고 이로써 백성을 풍요롭게 하셨다. 또한 백성을 평안하게 양생하시는 것에 마음을 쓰신 닌토쿠 천황仁德天皇[28]의 인자하심은 국민들에게 널리 전해 내려오는

---

27 제11대 천황으로 스진 천황崇神天皇의 아들이다. 순장의 풍습을 없애고 토용으로 대체시켰으며, 농업을 위해 수리시설을 만들었고, 신하에게 불로장생의 열매를 찾게 했다고 한다.
28 제16대 천황으로 5세기 전반에 재위한 것으로 추정된다. 백성들의 인가에 연기가 피어오르지 않는 것을 보고 세금을 거두지 않고 곤궁한 백성들을 구한 것으로 알려져 있다.

이야기이다. 유랴쿠 천황雄略天皇[29]의 유언에는 이렇게 쓰여 있다.

　몸도 마음도 완전히 지쳐버렸다. 이러한 일은 본래 나 한 사람을 위함이 아니다. 다만 백성들이 안온하게 지내기를 바랄 뿐이다.

　또한 다이고 천황醍醐天皇[30]이 겨울밤에 옷을 벗으시어 백성의 처지를 생각하셨던 것이나, 고다이고 천황後醍醐天皇[31]이 천하의 기근을 들으시고 "내가 부덕하다면 하늘은 나 한사람을 벌해야 한다. 백성에게 무슨 죄가 있어 이런 재앙을 내리는가"라고 말씀하시고 조식을 끊으시어 굶고 있는 백성들에게 베푸셨고, 고나라 천황後奈良天皇[32]이 역병이 유행하여 많은 백성이 죽는 것을 크게 마음 쓰신 일 등은, 우리 신민이 모두 함께 삼가 감읍感泣하는 바이다.

　천황은 억조 신민을 자신의 신민으로 생각하지 않으시고, 황조황종의 신민의 자손으로 생각하시는 것이다. 헌법 발포의 칙어에도 이

29　제21대 천황으로 5세기 후반에 재위한 것으로 추정된다. 『송서宋書』 등에 나오는 '왜의 5왕' 중의 왜왕 무武에 비정되는 등, 이 시기에 야마토 왕권의 세력이 확대되는 역사적인 획기를 만든 것으로 보인다.

30　제60대 천황으로 재위기간은 897~930년이다. 헤이안平安 시대 전기의 천황으로 충신 스가와라노 미치자네菅原道真 등의 보좌를 받으면서 친정을 행했다.

31　제96대 천황으로 재위기간은 1318~1339년이다. 천황 친정, 인재 등용 등의 정치 개혁을 실시하여 가마쿠라 막부 타도를 시도했으나 실패하여 유배되었다. 그 후에 탈출하여 겐무建武의 중흥에 성공했지만, 아시카가 다카우지足利尊氏의 모반으로 실패하여 양위 후에 사망했다.

32　제105대 천황으로 재위기간은 1526~1557년이다. 황실이 가장 쇠퇴했던 시대로 즉위 10년 후에 다이묘大名들의 헌금으로 즉위식을 거행할 수 있을 정도였다.

렇게 말씀하셨다.

　짐은 우리 신민이 바로 조종祖宗의 충량한 신민의 자손임을 회상하여,

　또한 메이지 천황은 메이지 원년[1868] 유신의 친서에서 이렇게 말
씀하셨다.

　조정의 정치가 일신하는 때를 맞이하여 억조의 한사람이라도 안정된 생활
을 얻지 못할 때에는 모두 나의 죄이므로, 오늘날 나는 스스로 몸과 마음을 다
하여 백성들에 앞서 고난을 당하고, 선조가 대대로 다하신 족적을 따라 치적
을 쌓을 때 비로소 천직을 받들고 억조의 군주로서의 길에 어긋나지 않을 것
이다.

　어제御製에서 이렇게 읊으셨다.

　각각의 길에서 열심히 일하는 국민의 몸을 모쪼록 튼튼하게 하고 싶어라.

　이것을 삼가 읊을 때, 부모가 자식을 어여삐 여기는 것보다 더한
천황의 인자함을 명확히 엿볼 수 있다. 메이지 유신 전후에 국가를
위해 쓰러진 충성스런 신민을 신분이나 직업의 구별 없이 그 공훈을
치하하여 야스쿠니 신사에 신으로 모시고, 또한 천재지변 때에 황송
하게도 구휼救恤에 크신 마음을 쏟으신 일들은 일일이 셀 수 없을 정

도이다. 더욱이 신민으로서 잘못된 행위를 한 자에 대해서조차도 죄를 불쌍히 여기시는 깊은 인덕으로 죄를 용서하시는 것이다.

아울러 역대 천황은 신민이 지켜야 하는 길을 친절하게 제시하시고 있다. 즉 스이코 천황推古天皇[33] 시대에는 헌법 17조[34]의 제정이 있으셨고, 메이지 23년에는 「교육에 관한 칙어」를 하사하셨다. 진정으로 성덕의 광대무변함을 마음 깊이 느끼지 않을 자가 있겠는가.

3. 신절臣節

신민臣民

우리는 이미 광대하고 무변한 성덕을 우러러 받들었다. 이 인자하신 성덕의 빛이 고루 비추니 신민의 길은 저절로 명확하다. 신민의 길은 황손 니니기 님이 강림하실 당시에 많은 신들이 봉사하신 정신을 그대로 이어받아 억조창생이 마음을 하나로 하여 천황을 받드는 것에 있다. 즉 우리가 나면서부터 천황에게 봉사하고 황국의 길을 행하는 것으로, 우리 신민이 이러한 본질을 갖는 것은 온전히 자연스럽

---

33 제33대 천황으로 재위기간은 592~628년이다. 비다쓰 천황敏達天皇의 황후였으며, 이후에 즉위하여 쇼토쿠 태자聖德太子를 섭정으로 국정을 운영했다. 관위 12계나 17조 헌법을 제정했고, 오노노 이모코小野妹子를 수나라에 파견했다.

34 스이코 천황 12년[604]에 쇼토쿠 태자가 제정한 것으로 전해지는 일본 최고의 성문법이다. 그 내용은 "조화和를 귀하게 여기라", "돈독히 삼보三寶를 존경하라", "조칙을 받으면 반드시 삼가라" 등, 야마토 조정의 관료나 호족이 지켜야 할 도덕적 훈계로 한문으로 쓰여 있다.

게 나오는 것이다.

우리 신민은 서양 각국에서 말하는 인민과 그 본성을 완전히 달리한다. 군민의 관계는 군주와 대립하는 인민이나, 인민이 먼저이고 그 인민의 발전과 행복을 위해 군주를 정하는 그러한 관계가 아니다. 그런데도 왕왕 신민의 본질을 잘못 알거나 이른바 인민과 동일시하고, 혹은 적어도 그 사이에 명확한 차이가 있다는 것을 분명히 하지 못하는 점이 있는 것은, 우리 국체의 본의에 관해 투철한 견해가 결여되고, 외국의 국가학설을 애매하게 이해하여 혼동하기 때문이다. 각각 독립적인 개개인의 집합인 인민이 군주와 대립하고 군주를 옹립하는 경우에는, 군주와 인민 사이에 이것을 일체화시키는 깊은 근원이 존재하지 않는다. 그런데 우리 천황과 신민의 관계는 하나의 근원에서 나와 건국 이래로 일체가 되어 번영해 온 것이다. 이것이 즉 우리나라의 큰 도리이자 우리 신민의 길의 근본을 이루는 것으로, 외국과는 완전히 그 선택을 달리한다. 원래 외국이라 해도 군주와 인민 사이에는 각각의 역사가 있고 그에 따른 정의情義가 있다. 그러나 건국의 시초부터 자연과 인간이 하나가 되어 자연 그대로의 일체가 되는 길을 구현하고, 그로 인해 더욱 번영해 온 우리나라의 경우는 외국에서 결코 그 예를 찾을 수 없다. 여기에 세계에 유례없는 우리 국체가 있으므로, 우리 신민 모두의 길은 이 국체를 근본으로 삼을 때 비로소 존재하며, 충효의 길 또한 본래 이것에 기반한다.

충군애국忠君愛國

우리나라는 아마테라스 대신의 자손이신 천황을 중심으로 이루어 졌으며, 우리 선조와 우리는 그 생명과 활동의 근원을 항상 천황에게 구하고 있다. 그렇기 때문에 천황에게 봉사하고 천황의 크신 마음을 받드는 것은 우리의 역사적 사명을 오늘날에 살리는 까닭이고, 여기 에 국민 모두의 도덕의 근원이 있다.

충은 천황을 중심으로 받들고 천황에게 절대 순종하는 길이다. 절 대 순종은 나를 버리고 사사로움을 멀리하여 오로지 천황에게 봉사 하는 것이다. 이 충의 길을 행하는 것이 우리 국민의 유일한 살 길이 고 모든 힘의 원천이다. 그러므로 천황을 위해 목숨을 바치는 것은, 이른바 자기희생이 아니고, 소아小我를 버리고 크신 능위稜威에 살면 서 국민으로서의 참 생명을 떨쳐 일으키는 것을 의미한다. 천황과 신 민의 관계는 원래 권력 복종의 인위적 관계가 아니고, 또한 봉건 도 덕의 주종 관계 같은 것도 아니다. 그것은 본분을 통해 본원本源에 서 고 본분을 다하여 본원을 드러내는 것이다. 천황과 신민의 관계를 단 순히 지배 복종이나 권리 의무 같은 상대적 관계로 해석하는 사상은 개인주의적 사고에 입각하여 모든 것을 대등한 인격 관계로 보는 합 리주의적 사고이다. 개인은 그 발생의 근본인 국가와 역사에 연결되 는 존재이고, 본래 그것과 일체를 이루고 있다. 그런데 이 일체보다 개인만을 추상화하고 이 추상화된 개인을 기본으로 하여 역으로 국 가를 생각하고 도덕을 세워도, 그것은 어차피 본원을 잃은 추상론으 로 끝날 수밖에 없다.

우리나라에서 이자나기 님과 이자나미 님 두 신은 자연과 신들의 조상이고 천황은 두 신에게서 태어나신 황조의 후예이시다. 황조와 천황은 친자 관계이시고, 천황과 신민과의 관계는 도의로는 군신君臣이나 애정으로는 부자父子이다. 이 관계는 합리적이고 의무적인 관계보다도 더욱 근본적인 본질 관계로, 여기에 충의 길이 생기는 근거가 있다. 개인주의적 인격 관계에서 보면, 우리나라의 군신 관계는 몰인격적인 관계로 보일 것이다. 그러나 그것은 개인을 지상으로 삼고 개인의 사고를 중심으로 삼는 생각, 개인적 추상 의식에서 발생한 과오에 지나지 않는다. 우리의 군신 관계는 결코 군주와 인민이 서로 대립하는 천박한 평면적 관계가 아니고, 이 대립을 끊은 근본에서 발생하고 그 근본을 잃지 않는 몰아귀일沒我歸一의 관계이다. 그것은 개인주의적인 사고방식으로는 결코 이해할 수 없는 것이다. 우리나라에서는 나라가 시작된 이래로 이러한 큰 도리가 자연스럽게 발전했으며, 그 신민에게 나타난 가장 근원적인 것이 바로 충의 길이다. 여기에 충의 심원한 의미와 존귀한 가치가 존재한다. 최근에 서양의 개인주의적 사상의 영향을 받아 개인을 본위로 하는 사고방식이 왕성해졌다. 따라서 서양의 이러한 사상과 그 본질을 달리하는 우리의 충의 길의 본지本旨는 결코 철저하지 않았다. 즉 현재 우리나라에서 충을 설파하고 애국을 말하는 사람도 서양의 개인주의와 합리주의에 영향을 받아, 자칫 참된 의미에서 벗어난다. 사사로움을 내세우고 나를 고집하며 개인에 집착한 탓에 생기는 정신의 타락, 지식의 그늘을 걷어내고 능히 우리 신민 본래의 청명한 심경으로 돌아감으로써 충의 대의를 체득해야 한다.

천황은 언제나 황조황종을 받들어 모시고 만민에 솔선하여 조손일체祖孫一體의 결실을 나타내고 경신숭조敬神崇祖의 모범을 보이시는 것이다. 또한 우리 신민은 황조황종을 받들어 섬긴 신민의 자손으로서 그 선조를 숭경하고 그 충성의 뜻을 이어받아 이것을 현대에 살리고 후대에 전한다. 이리하여 경신숭조와 충의 길은 완전히 근본을 하나로 하여, 본래 서로 뗄 수 없는 길이다. 이러한 일치는 오로지 우리나라에서만 볼 수 있는 것으로, 여기에도 우리 국체의 존귀한 까닭이 있다.

경신숭조와 충의 길의 완전한 일치는 또한 그것들과 애국이 하나가 되는 까닭이다. 대개 우리나라는 황실을 종가로 받들고 천황을 고금에 걸친 중심으로 우러르는 군민일체의 일대 가족국가이다. 따라서 국가의 번영에 진력하는 것은 바로 천황의 번영에 봉사하는 것이고, 천황에게 충을 다하여 받드는 것은 바로 나라를 사랑하고 나라의 융창을 꾀하는 것에 다름 아니다. 충군 없이 애국은 없고 애국 없이 충군은 없다. 모든 애국은 언제나 충군의 지극한 정에 의해 관철되며, 모든 충군은 언제나 애국의 열성을 동반한다. 본래 외국에서도 애국정신은 존재한다. 하지만 이 애국은 우리나라처럼 충군이 근저를 같이 하고 또한 경신숭조와 온전히 일치하는 그러한 것이 아니다.

실로 충은 우리 신민의 근본이고 우리 국민도덕의 기본이다. 우리는 충에 의해 일본 신민이 되고 충에서 생명을 얻고, 여기에 모든 도덕의 근원을 발견한다. 이것을 우리 역사에 비추어 보건대, 충군의

정신은 항상 국민의 마음을 일관하고 있다. 전국戰國 시대[35] 황실의
쇠퇴는 참으로 망극하기 그지없었으나, 이 시대에도 여전히 영웅이
거사를 행할 때는 그 존황 정신이 인정되지 않는 한, 인심을 얻을 수
없었다. 오다 노부나가織田信長[1534~1582][36]나 도요토미 히데요시豊臣
秀吉[1536~1598][37] 등이 많은 공을 세울 수 있었던 것은 이러한 사정을
잘 말해주고 있다. 즉 어떠한 경우에도 존황 정신은 국민을 움직이는
가장 강한 것이다.

　『만엽집』에 보이는 오토모노 야카모치大伴家持[718?~785][38]의 노래는
이렇게 되어 있다.

　　오토모의 먼 선조로 그 이름을 오쿠메 님大來目主이라 내걸고 조정에 대한
　봉사를 역할로 삼아온 가문은 "바다에 가면 물에 잠긴 시체, 산에 가면 풀이
　난 시체, 천황의 곁에서 죽을지언정 결코 뒤돌아보지는 않으리"라 굳게 맹세

35　1467년 오닌応仁의 난이 시작되고 나서 오다 노부나가織田信長가 전국을 통일하기까지
　약 1세기 동안을 가리키는 개념으로, 무로마치 막부室町幕府를 지표로 하는 무로마치 시대
　의 후반과 거의 겹치지만, 각지에서 군웅이 할거하여 중앙정권이 무력화된 일본역사상 가
　장 현저한 전란의 시대라서 특히 이 시대 개념이 사용되고 있다.
36　전국시대의 무장으로 무로마치 막부의 장군이었던 아시카가 요시아키足利義昭를 추방
　하고 막부를 멸망시켰다. 아즈치성安土城을 쌓아 전국을 통일하고자 했다. 사원 등 중세적
　권위를 파괴하는 한편, 무역을 장려하는 등의 혁신적 사업을 단행했으나, 아케치 미쓰히데
　明智光秀의 급습을 받아 자결했다.
37　전국 시대의 무장으로 오다 노부나가에게 중용되었으며, 오다의 사후에 아케치 미쓰
　히데를 치고 1590년에 전국을 통일하였다. 검지檢地, 무기 몰수를 실시하고 병농 분리를 철
　저히 하여 막번체제에 이르는 기초를 다졌다. 임진왜란으로 조선에 출병했으나 전과를 올
　리지 못한 채로 병사했다.
38　나라 시대의 가인으로 중앙과 지방의 관료를 역임했다. 『만엽집』 편찬자의 한 사람으
　로 여겨지며 『만엽집』 시대 말기의 대표적인 가인으로 게재 작품도 가장 많다.

를 하고[『만엽집』권18, 4094번].[39]

이 노래는 예부터 우리 국민의 흉금을 울려 지금도 전해지고 있다. 다치바나노 모로에橘諸兄[684~757][40]의 다음의 노래에는 백발이 될 때까지 천황을 받들어 모신 충신의 모습이 생생하게 드러나 있다.

내리는 눈 같이 흰 백발이 될 때까지 이렇게 천황을 섬기니 고귀하기도 하구나[『만엽집』권17, 3922번].

또한, 구스노키 마사시게楠木正成[1294~1336][41]의 칠생보국七生報國 정신은 지금도 국민을 감분흥기感奮興起시키고 있다. 더욱이 우리나라에는 예로부터 격정적이거나 침통하게 충군의 마음을 노래에 실어 피력한 것이 적지 않다. 즉, 미나모토노 요리토모源実朝[1192~1219][42]의 노래가 그렇다.

---

39 특히 "바다에 가면海行かば"의 부분은 구일본 해군 의식가로 사용되기도 했다. 노부토키 기요시信時潔가 작곡한 것이 유명하다.

40 황족 출신으로 신적으로 내려와 우대신右大臣이 되었다. 구니경恭仁京으로의 천도를 주도했고, 나라의 대불 건립에 임했다. 후지와라노 나카마로藤原仲麻呂 대두 후에 실권을 잃고 사망했다.

41 남북조 시대의 무장으로 고다이고 천황의 가마쿠라 막부 토벌 계획을 도와 막부군을 상대로 분전한다. 겐무의 중흥의 공적으로 지방관이 되었지만 아시카가 다카우지足利尊氏와 싸우다 패전하고 자결했다. 자결 당시 "칠생보국(일곱 번 태어나도 적을 죽이고 나라에 보답하겠다)"이라는 말을 남겼다고 하여, 제2차 대전 당시에 '충군애국' '멸사봉공'과 함께 수신교육에 채용되었고, 특히 '칠생보국'은 무운장구武運長久를 기원하는 의미로 다용되었다.

42 가마쿠라 막부 3대 장군으로 1203년에 장군이 되었지만, 실권은 호조北条 씨가 잡고 있었고 암살로 최후를 맞았다. 『만엽집』풍의 와카에 능하여 가집도 남아 있다.

산이 갈라지고 바다가 말라 버릴 듯한 세상이라도 천황에게 두 마음을 품

는 일이 어찌 나에게 있으리.

승려 겟쇼月照[1813~1858][43]의 노래가 그렇다.

천황을 위해서라면 무엇이 아까우랴, 설령 사쓰마薩摩의 세토瀬戸 바다에 몸

은 가라앉을지언정.

히라노 구니오미平野國臣[1828~1864][44]의 노래가 그렇다.

하찮기 그지없는 몸이지만 바라옵건대 천황의 깃발 아래 죽고 싶나이다.

우메다 운빈梅田雲濱[1815~1859][45]의 노래가 그렇다.

천황이 통치하는 세상을 생각하는 마음 하나로 이 한 몸 존재한다는 생각

도 들지 않았네.

---

43 에도江戸 시대 말기의 정토진종 승려로 교토의 기요미즈데라清水寺 주지였다. 존황양이
운동에 뜻을 두어 절을 동생한테 양보하고 운동에 투신했다. 요시다 쇼인吉田松陰, 우메다
운빈梅田雲浜, 사이고 다카모리西郷隆盛 등과 사귀었고, 막부의 존황양이파에 대한 탄압을 벗
어나 사쓰마薩摩로 향했으나 번이 거부하자 투신자살했다.
44 막부 말기의 존황양이파 지사로 후쿠오카번의 무사였으나 번을 떠나 상경하여 양이
파인 승려 겟쇼의 사쓰마 망명을 도왔다. 막부의 탄압을 받아 투옥되어 처형당했다.
45 막부 말기의 존황양이파 지사로 와카사若狭번의 무사였다. 에도 시대 유학자인 야마자
키 안사이山崎闇齋의 학파를 익혀 양이를 주장하여 러시아군함 습격을 기도했다. 막부의 양
이파 탄압으로 옥사했다.

충은 국민 각자가 항시 그 본분을 다하고 충실히 그 직무에 힘씀으로써 실현된다. 황송하게도 「교육에 관한 칙어」에 제시하신 것처럼, 비단 큰일이 일어날 경우에 의용義勇의 정신으로 봉공奉公할 뿐만 아니라, 부모에게는 효도로, 형제에게는 우애로, 부부는 서로 화합하고 친구들은 서로 믿으며, 각자 공손하고 검소함을 지니며 민중에게 박애를 펼치고, 학문을 닦고 업무를 익혀 지능을 계발하고 너그러운 도량과 재능을 성취하고, 나아가 공익을 꾀하여 세상을 위한 책무를 다하고 국헌을 중시하고 국법을 존중하는 등의 일은, 모두 크신 마음에 보답하여 천업天業의 광대함을 받드는 일이므로 모두 충의 길이다. 다치바나노 모리베橘守部[1781~1849][46]는 『대문잡기待問雜記』에 이렇게 기술하였다.

세상 사람들은 직접 황거를 섬기는 것만을 봉공奉公이라고 하지만, 해와 달이 비추는 온 천하에 천황을 섬기지 않는 사람이 있을까. 무사의 관료들을 이끄시는, 입에 담기도 황송한 윗분들을 비롯해 저 밑바닥에 이르기까지, 높고 낮은 차이는 있지만 모두 천황을 섬기는 몸이기에 글을 쓰는 것도 천황을 위해서, 병을 고치는 것도 천황을 위해서, 밭을 일구는 것도 천황을 위해서, 장사를 하는 것도 본래 천황을 위해서이지만, 미천한 자들은 저 밑에 멀리 떨어져 있으므로 세상 사람들을 위해 고생하는 만큼 천황을 섬기지는 않는다.

---

46 에도 시대 후기의 국학자로 『일본서기』를 존중하여 유명한 국학자인 모토오리 노리나가本居宣長를 비판했으며 독학으로 독특한 고도古道론을 전개했다. 고대 와카의 해석에도 탁월했다. 그가 쓴 수필집인 『대문잡기待問雜記』는 처세술이나 인생관 등에 관한 교훈적인 내용을 담고 있다.

진정으로 정치에 종사하는 사람도, 산업에 종사하는 사람도, 또한 교육과 학문에 헌신하는 사람도 각자의 자리에서 그에 상응하여 진력하는 것은 바로 황운皇運을 받드는 충의 길이며 결코 사적인 길이 아니다.

이것은 메이지 천황의 어제御製에 다음과 같이 말씀하신 것에서도 명백하다.

> 각자의 본분에 맞게 온 마음 다하는 국민의 힘이야말로 곧 나의 힘이다.
>
> 마음이 나아가는 길을 배우며, 나라를 위해 각자의 본분에 맞게 최선을 다했기를.

자기의 직무를 다하는 것이 바로 천황의 큰 과업을 삼가 받드는 것이라는 깊은 자각을 가지고,

> 들어와서는 공손하고 검소하고 근면하게 과업에 복무하고 생산을 거두며, 나가서는 자기 개인의 이해에만 따르지 말고 힘을 공익과 세상을 위한 일에 다하여 국가의 흥륭과 민족의 안영安榮, 사회의 복지를 도모해야 한다.

이와 같이 말씀하신 성지聖旨대로 노력하고 애쓰는 것은 바로 신민된 자의 본래의 책무이고 일본인으로서의 존귀한 본분이다.

효

우리나라에서 효는 지극히 중요한 도리이다. 효는 집을 지반으로 하여 발생하지만, 이것을 크게 보면 국가를 그 기반으로 한다. 효는 직접적으로는 부모에 대한 것이지만, 나아가 천황을 섬기는 관계에서 충 안에 이루어진다.

우리 국민 생활의 기본은 서양처럼 개인도 아니고 부부도 아니다. 그것은 집이다. 집의 생활은 부부나 형제와 같은 평면적 관계뿐 아니라, 그 근간이 되는 것은 친자의 입체적 관계이다. 이 친자 관계를 기본으로 근친이 서로 의지하고 서로 도와 하나가 되고, 우리 국체에 입각하여 가장 밑바탕에 혼연일체가 된 것이 바로 우리나라라는 집이다. 따라서 집은 본래 이익을 근본으로 하여 모인 단체도 아니고, 개인적, 상대적인 사랑 등이 근본이 되어 만들어진 것도 아니다. 낳고 태어나는 자연의 관계를 근본으로 하고 경모敬慕와 자애를 중심으로 하는 것으로, 모든 사람이 먼저 태어남과 동시에 일체의 운명을 맡기는 곳이다.

우리나라의 가정생활은 현재의 친자 일가의 생활이 전부가 아니고, 먼 선조로부터 시작하여 영원히 자손에 의해 이어진다. 현재의 가정생활은 과거와 미래를 잇는 것으로, 선조의 뜻을 계승 발전시키는 한편 이것을 자손에게 전한다. 예부터 우리나라에서 가명家名이 존중된 이유도 여기에 있다. 가명은 선조 이래 쌓아온 집안의 명예이고, 그것을 더럽히는 것은 단순한 개인의 오욕일 뿐 아니라 일련의 과거, 현재 및 미래의 가문의 치욕으로 여겨진다. 따라서 무사가 전

장에 나갈 경우의 선언 같은 것은, 그 선조를 언급하고 선조의 공적
을 언급함으로써 명예 있는 가명을 더럽히지 않도록 용감히 싸울 것
을 맹세하는 의미를 갖는다.

또한 예부터 가헌家憲이나 가훈 내지 가풍 등이 있어서 자자손손
계승 발전되고, 혹은 가보家寶라는 것이 존중되고 보존되어 집의 계
승의 상징으로 여겨지거나, 우리 국민이 일반적으로 선조의 위패를
엄숙히 모시는 일들은 국민 생활의 기본이 집에 있고, 집이 자연스러
운 애정을 근본으로 한 훈련과 정진의 도장임을 나타내고 있다. 이렇
듯 가정생활은 비단 현재에 머무는 것이 아니고 선조에서 자손으로
이어지는 부단한 연속이다. 따라서 우리나라에서는 집의 계승이 중
시되어 법제상으로도 가독家督상속 제도가 확립되어 있다. 현대 서양
에서 유산상속만 있고 가독상속이 없는 것은 서양의 집과 우리나라
의 집이 근본적으로 상이함을 나타낸다.

부모자식 관계는 자연의 관계이고 거기에 부모와 자식의 정애情
愛가 발생한다. 부모와 자식은 일련의 생명의 연속이고 부모는 자식
의 본원이므로 자식에 대해서는 저절로 무육자애撫育慈愛의 정이 나
온다. 자식은 부모의 발전이므로 부모에 대해서는 경모보은敬慕報恩
의 마음이 나온다. 예부터 부모자식의 관계에서 부모가 자식을 생각
하는 마음, 자식이 부모를 경모하는 정을 나타낸 시가나 이야기나 역
사적 사실은 지극히 많다. 『만엽집』에도 야마노우에노 오쿠라山上憶良
[660?~733?][47]가 자식에 대한 사랑을 읊은 노래가 있다.

참외를 먹으니 자식 생각이 절로 나네. 밤을 먹으니 더 사무치네. 도대체 어디서 온 것일까. 그 아이의 모습이 눈앞에 어른거려 누워도 잠이 오질 않네 [『만엽집』 권5, 802번].

반가反歌[47]

은도 금도 옥도 무엇에 쓰랴, 귀한 보물도 자식만 못하리[803번].

이 노래는 진정으로 자식을 생각하는 정을 짧은 문장 안에 잘 표현하고 있다. 또 오쿠라가 아들 후루히古日의 죽음을 슬퍼하며 읊은 아래의 노래에도 자식에 대한 절절한 부모의 마음이 보인다.

아직 어려서 저승길도 모를 텐데, 제물을 바쳐야겠네. 저승사자여, 부디 업어서 데려가 주오[『만엽집』 권5, 905번].

그리고 자식이 부모를 경모하는 정은 사키모리防人[49]의 노래 등에

---

47 장가長歌 뒤에 첨가되어 있는 단가로 장가의 내용을 요약하거나 보족, 영탄하는 노래이다.

48 나라 시대 전기의 관료 가인으로, 702년에 당에 파견되었고 귀국 후에 지방관을 지냈다. 『만엽집』에 사상성과 사회성을 갖춘 노래나 한시문 등을 남겼다.

49 고대에 기타큐슈의 방어에 임했던 병사들을 말한다. 663년 백촌강 전투 이후에 제도화되었고 주로 동부지방 출신자들이 차출되었다. 『만엽집』에는 이들이 읊은 노래가 다수 수록되어 있다. 그 중에는 "부모가 내 머리를 쓰다듬으며 건넨 '몸조심하라'는 말이 머리에서 떠나질 않네"라는 노래 등 부모나 가족을 그리며 읊은 노래들이 많다.

잘 나타나 있다.

충효일체

우리나라의 효는 인륜의 자연스러운 관계를 더욱 높이고, 능히 국체와 합치되는 점에 진정한 특색이 있다. 우리나라는 일대 가족국가이고 황실은 신민의 종가이시며, 국가생활의 중심이시다. 신민은 선조에 대한 경모의 정을 가지고 종가인 황실을 숭경하여 받들고, 천황은 신민을 아기로서 사랑하시는 것이다. 유랴쿠 천황의 유언에 "의는 곧 군신이고 정은 부자를 겸한다"고 말씀하신 것은 역대 천황의 크신 마음이다. 즉 군신의 관계는 공적이고 의에 의해 맺어지지만, 그것은 단순히 의에만 머물지 않고, 부자와 동등한 정에 의해 맺어진 것을 말씀하신 것이다. '사私'에 대한 '공公'은 대가大家를 의미하며, 국가는 곧 집의 의미를 나타낸다.

우리의 선조는 역대 천황의 천업을 널리 알리는 것을 도왔으므로 우리가 천황에게 충절의 정성을 다하는 것은 곧 선조의 유풍을 표현하는 것으로, 이것은 이윽고 조상들에게 효가 되는 까닭이다. 우리나라에서는 충을 떠나서 효는 없고, 효는 충을 그 근본으로 하고 있다. 국체에 기초한 충효일체의 도리가 여기에 아름답게 빛나고 있다. 요시다 쇼인吉田松陰[1830~1859][50]이 「사규 7칙士規七則」에서 말한 것은 충

---

50 막부 말기의 지사로, 메이지 유신의 정신적 지도자. 1853년에 페리가 내항하자 흑선을 시찰하고 서양 선진문명에 충격을 받아 이듬해 흑선이 다시 내항했을 때 미국으로 밀항하려 하다가 송환되어 투옥되었다. 이후 가숙家塾[사설 학습소]을 열어 이토 히로부미 등과 같은 메이신 유신의 주역들을 교육시켰다. 1858년에 천황의 허가 없이 미일수호통상조약

효일체의 길을 지극히 적절히 서술한 것이다.

군주는 인민을 기르시어 선조의 과업을 이으시고, 신민은 군주에게 충성을 다하여 아버지의 뜻을 잇는다. 군신일체와 충효일치는 오로지 우리나라만이 그러하다.

지나[중국]도 충효를 중시하여 효는 백가지 행실의 근본이라고 하고, 인도에서도 부모의 은혜를 설파하지만, 그 효도는 국가와 이어져 국가를 기본으로 하는 것은 아니다. 효는 동양 도덕의 특색이지만, 그것이 나아가 충과 하나가 되는 점에 우리나라 도덕의 특색이 있고, 세계에 그 유례를 볼 수 없는 것이 되었다. 따라서 이 근본 요점을 잃은 것은 우리나라의 효도일 수 없다. 무사의 선언이 그 집안이 황실에서 나온 것을 선언하고, 또한 가헌이나 가훈이 황실을 섬기는 관계를 그 먼 기원으로 삼은 것은 완전히 동일한 도리에서 나온 것으로 보아야 한다.

사쿠라 아즈마오佐久良東雄[1811~1860][51]의 이 노래는 효가 충으로 고양되어 비로소 진정한 효가 되는 것을 나타내는 것이다.

이 조인되자 격분하여 막부 타도를 외치며 막부 요직들의 암살을 계획했으나 발각되어 처형당했다. 「사규 7칙」은 원래 조카를 위해 쓴 것인데, 이후에 메이지 시대 일본을 이끌었던 인물을 배출한 사숙私塾인 쇼카손주쿠松下村塾의 규칙이 되었다.

51 막부 말기의 지사로, 가인으로서 근왕보국의 정신을 읊은 와카를 남겼다. 왕정복고를 기원하며 양이과 탄압 당시 투옥되어 옥사했다.

천황을 섬기라고 나를 낳아주신 부모님은 정말로 존귀하셨네.

노기 마레스케乃木希典[1849~1912] 대장[52] 부부가 자식을 두 명이나 나라를 위해 바치고, 더욱이 가문의 명예로 여긴 것도 가국家國일체, 충효일체의 마음의 표현이다. 이렇듯 충효일체의 도리에 따라 신민이 다하는 마음은 천황의 인자하시고 크신 마음과 하나가 되어 군주와 백성이 서로 화합하는 결실을 맺어, 우리나라의 무한한 발전의 근본 힘이 된다.

진정으로 충효일체는 우리 국체의 정수이고 국민도덕의 요체이다. 그리고 국체는 비단 도덕뿐만 아니라 널리 정치, 경제, 산업 등 모든 분야의 근저를 이루고 있다. 따라서 충효일체의 큰 도리는 이러한 국가 생활과 국민 생활의 모든 실제적 방면에서 명확히 드러나지 않으면 안 된다. 우리 국민은 이 광대하고 무궁한 국체의 구현을 위해 더욱더 충효에 힘쓰고 노력해 나아가야 한다.

---

52 조슈번長州藩 무사 출신으로 육군 대장을 지냈다. 요시다 쇼인의 영향을 받았으며, 독일로 유학하여 군제와 전술을 연구했다. 타이완 총독을 거쳐 러일전쟁 당시 뤼순 공략을 지휘했다. 메이지 천황 사망 후 부인과 함께 순사했다.

4. 조화 和와 '진심'

조화和

우리나라가 시작된 사실과 역사 발전의 자취를 돌아볼 때, 항상 거기에서 발견되는 것은 조화의 정신이다. 조화는 우리나라 건국의 대업에서부터 시작되어, 역사 생성의 힘인 동시에 일상과 불가분한 인륜의 도리이다. 조화의 정신은 만물이 서로 융합하면서 이루어진다. 사람들이 끝까지 자기를 주인으로 삼아 사적인 것을 주장할 경우에는 모순과 대립만 있고 조화는 생기지 않는다. 개인주의에서는 이와 같은 모순과 대립을 조정하고 완화하기 위한 협동, 타협, 희생 등은 있을 수 있어도, 결국 진정한 조화는 존재하지 않는다. 즉 개인주의 사회는 만인의 만인에 대한 투쟁이고, 역사는 모두 계급투쟁의 역사가 되기도 할 것이다. 이러한 사회에서의 사회형태, 정치조직 및 그 이론적 표현인 사회학설, 정치학설, 국가학설 등은 조화를 근본 도리로 삼는 우리나라의 그것과는 본질적으로 다르다. 우리나라의 사상과 학문이 서양 각국의 그것과 근본적으로 다른 이유가 실로 여기에 있다.

우리나라의 조화는 이성에서 출발하여 서로 독립되고 평등한 개인의 기계적인 협조가 아니고, 전체 안에 본분으로 존재하고 이 본분에 상응하는 행위를 통해 능히 일체를 지키는 커다란 조화이다. 따라서 거기에는 상호간에 경애하여 순종하고 사랑이 지극한 양육이 행해진다. 이것은 단순히 기계적이고 동질적인 타협과 조화가 아니고, 각각 그 특성을 가지고 서로 다르면서도 그 특성, 즉 각자의 본분을 통해서 능히 본질을 드러내고, 이로써 융합된 하나의 세계에 조화하는 것이다. 즉 우리나라의 조화는 각자 특질을 발휘하고 갈등과 절차탁마를 통해 능히 하나로 귀결되는 커다란 조화이다. 특성이 있고 갈등이 있으므로 조화는 더욱 위대해지고 그 내용은 풍부해진다. 또한 이로인해 개성은 더욱 신장되고 특질은 아름다워지며, 동시에 전체의 발전과 융창을 초래하는 것이다. 실로 우리나라의 조화는 아무것도 하지 않는 조화가 아니라 사물의 발전에 따라 발랄하게 드러나는 구체적인 큰 조화이다.

무武의 정신

그리하여 이 조화는 우리나라 무武의 정신에도 명백하게 나타난다. 우리나라는 상무尙武의 나라이고, 신사에는 아라미타마荒魂[53]를 모시는 신전이 있다. 수리고성의 명령에는 아마노누보코 창이 먼저 하사되었고, 황손 강림 당시에도 무신武神에 의해 평화롭게 그것이 성취되었다. 진무 천황이 동방을 정벌하셨을 때에도 무가 사용되었다. 그러나 이 무는 결코 무 자체를 위한 것이 아니고, 조화를 위한 무이며 이른바 신무神武이다. 우리 무의 정신은 살인을 목적으로 하지 않고 활인活人을 목적으로 하고 있다. 그러한 무는 만물을 살리려는 무

---

53 신도神道에서 신의 영혼이 강한 작용을 하는 면을 말한다. 영혼은 아라미타마荒魂와 니기미타마和魂의 두 가지 작용을 하는데 아라미타마는 신위를 두려워하는 신앙의 소산으로 여겨진다.

이며 파괴의 무가 아니다. 즉 근저에 조화를 통해 생성발전을 약속한 갈등이고, 그 갈등을 통해 만물을 살리는 것이다. 여기에 우리나라의 무의 정신이 있다. 전쟁은 그 의미에서 결코 남을 파괴하고 압도하고 정복하기 위한 것이 아니고 도리에 따라 창조의 역할을 하고, 큰 조화 즉 평화를 실현하기 위한 것이어야 한다.

맺음과 조화

이러한 조화를 통해 우리나라의 창조발전은 실현된다. '맺음무스비 むすび'이란 창조인데, 그것은 바로 조화의 힘이 발현된 것이다. 이자나기 님과 이자나미 님이 서로 화합하여 신들과 국토를 낳으셨다. 이것이 바로 위대한 맺음이다. '맺음'은 '무스'에서 왔다. 고케 무스苔生[이끼가 끼다]라고 하듯이 '무스'는 생명이 생겨난다는 의미이다. '쓰유가 무스부露がむすぶ[이슬이 맺히다]'라는 것은 이슬이 생긴다는 의미를 말한다. 만물이 서로 화합하고 거기에 맺음이 있다. 이렇듯 군신이 서로 화합하고, 신민은 서로 친화하여 국가의 창조발전이 이루어진다. 지금 당면한 문제인 국가의 제반 쇄신 개선도 역시 조화에 의한 맺음이어야 한다. 그것은 첫째로는 천황의 능위 아래에 국체에 비추어 잘못된 점을 고치고 큰 조화에 의해 새로운 성과를 크게 낳는 것이어야 한다.

신과 인간의 조화

나아가 우리나라에서는 신과 인간의 조화를 볼 수 있다. 이것을 서양 각국의 신과 인간의 관계와 비교할 때는 거기에 커다란 차이를 드러낸다. 서양의 신화에 나타난 신에 의한 추방, 신에 의한 처벌, 가혹한 제재 같은 것은 우리나라에 전해져 오는 이야기와는 크게 다른 것이다. 여기에 우리나라의 신과 인간의 관계와 서양과의 사이에 커다란 차이가 있음을 알 수 있다. 이것은 우리나라의 제사와 축문 등에도 명백히 확인되는 바이며, 우리나라에서는 신이 무서운 것이 아니고 항상 눈에 보이지 않는 가호를 내려주시고 인간을 경애하고 감사하시는 신으로, 신과 인간의 관계는 극히 친밀하다.

인간과 자연의 조화

또한 이 조화는 인간과 자연 간의 가장 친숙한 관계로도 볼 수 있다. 우리나라는 바다로 둘러싸여, 산 좋고 물 맑고 춘하추동의 계절 변화도 있어서 다른 나라에서는 볼 수 없는 아름다운 자연을 이루고 있다. 이 아름다운 자연은 신들과 함께 천신이 낳으신 것으로, 친근할지언정 두려워할 대상은 아니다. 거기서 자연을 사랑하는 국민성이 태어나고, 인간과 자연의 조화가 이루어진다. 인도 같은 나라는 자연에 압도되었고, 서양에서는 인간이 자연을 정복한 감이 있어, 우리나라와 같은 인간과 자연의 깊은 조화는 볼 수 없다. 이에 대해, 우리 국민은 항상 자연과 서로 화합하고 있다. 문예에도 이러한 자연과의 조화의 마음을 읊은 노래가 많고, 자연에 대한 깊은 사랑은 우리 시가의 가장 주된 제재이다. 그것은 비단 문예의 세계뿐만 아니라, 일상생활에서도 능히 자연과 인생이 조화를 이루고 있다. 『공사근원公

事根源』[54] 등에 보이는 계절마다의 연중행사를 보아도, 예부터 인생과 자연의 미묘한 조화가 나타난다. 연초의 행사는 말할 것도 없고, 3월의 히나雛 절구[55]는 봄에 어울리는 행사이며, 중양重陽인 국화 절구[56]도 가을을 맞이하기에 적합한 것이다. 계절의 추이가 현저한 우리나라에서 이와 같은 자연과 인생의 조화는 특히 아름답게 살아있다. 그밖에 가문의 문양에는 자연의 동식물이 많이 사용되고 있고, 복장 외에 건축물, 정원 등도 자연의 미를 잘 살리고 있다. 이러한 자연과 인간의 친숙한 일체 관계도, 또한 인간과 자연이 동포로서 서로 친숙한 우리나라 본래의 사상에서 태어난 것이다.

국민 상호간의 조화

이러한 조화의 정신은 널리 국민생활에서도 실현된다. 우리나라에서는 특유한 가족제도 아래 친자와 부부가 서로 의지하고 서로 도우며 생활을 함께 하고 있다. 「교육에 관한 칙어」에서는 "부부가 서로 화합하고"라고 말씀하셨다. 그리고 이 부부의 화합은 나아가 "부모에 효도"와 일체로 융합되지 않으면 안 된다. 즉 집은 친자관계에 의한

---

54 조정의 연중행사를 12개월로 나누어 각각의 유래를 해설한 책으로 무로마치 시대 귀족 이치조 가네요시一条兼良에 의해 1422년에 편찬되었다. 1권. 현존하지 않는 행사나 이를 통한 민속신앙을 엿볼 수 있는 좋은 사료로 여겨지고 있다.

55 3월 3일 히나마쓰리雛祭의 절구. 여자 아이가 있는 집에서 인형을 장식하고 떡, 술, 복숭아꽃 등을 올리고 축하하는 행사. 부정이나 재앙을 인형에 옮겨 제거하려는 풍습이 기원으로 여겨진다.

56 음력 9월 9일의 절구. 중국을 기원으로 하며 일본에서는 헤이안平安 시대에 궁중의 연중행사로서 국화 연회가 개최되었다.

종적인 조화와 부부와 형제에 의한 횡적인 조화가 서로 화합한 혼연일체의 조화가 꽃피는 곳이다.

더욱이 나아가 이 조화는 어떠한 집단생활 속에서도 실현되어야 한다. 관청에 근무하는 사람, 회사에서 일하는 사람이 모두 함께 조화의 길을 따르지 않으면 안 된다. 각각의 집단에는 위에 서는 자가 있고 밑에서 일하는 자가 있다. 그들 각자가 본분을 지킴으로써 집단의 조화는 얻어진다. 본분을 지키는 것은, 각자가 처한 위치에서 정해진 직분을 가장 충실하게 이행하는 것이다. 그에 따라 윗사람은 아랫사람의 도움을 받고 아랫사람은 윗사람에게 사랑받으며, 또한 같은 업종은 서로 화합하고 거기에서 아름다운 조화가 출현하여 창조가 이루어진다.

이것은 또한 향당에서도 국가에서도 마찬가지이다. 나라의 조화가 실현되기 위해서는 국민 각자가 그 본분을 다하고 본분을 발휘하는 것밖에 없다. 신분이 높은 자, 낮은 자, 부유한 자, 가난한 자, 조야朝野와 공사公私, 그 밖에 농공상 등, 서로 자기에게 집착하여 대립하지 말고, 하나가 되어 조화를 근본으로 삼아야 한다.

요컨대 우리나라에서는 각자의 입장에 따른 의견의 대립, 이해의 차이도 근본을 같이 하는 곳에서 나오는 특유한 큰 조화에 의해 능히 하나가 된다. 대개 갈등이 종국이 아니고 조화가 종국이며, 파괴로 끝나지 않고 성취로 맺어진다. 여기에 우리나라의 큰 정신이 있다. 그리하여 우리나라에 출현하는 모든 진보와 발전은 모두 이렇게 해서 이루어진다. 쇼토쿠 태자聖德太子[57]가 「헌법 17조」에 아래와 같이 제시하신 것도 우리나라의 이러한 조화의 큰 정신을 설파하신 것이다.

조화를 고귀하게 여겨 서로 다투지 않는 것을 근본으로 하라. 사람은 무리를 만들고 또한 득도한 자는 적다. 따라서 군주나 부친을 따르지 않거나 이웃과 사이가 나빠지는 경우도 있다. 그러나 상하가 서로 화목하게 일을 의논하면, 모든 이치는 저절로 통한다. 그렇게 되면 무슨 일이든 모두 이루어진다.

군신君臣일체

우리나라에서는 예부터 군신일체라는 말이 있어, 천황을 중심으로 억조가 일심으로 힘을 합하고 도와 대대로 훌륭한 일을 이루어 왔다. 천황의 성덕과 국민의 신하로서의 절개는 서로 융합하여 아름다운 화합을 이루고 있다. 닌토쿠 천황은 이렇게 말씀하셨다.

백성이 가난한 것은 곧 짐이 가난한 것이고, 백성이 부유한 것은 곧 짐이 부유한 것이다.

또한 가메야마 상황龜山上皇[1249~1305][58]은 몽고 습격 당시에 친필

57　재위기간 574~622년. 아스카 시대 요메이 천황用明天皇의 아들. 이모인 스이코 천황의 섭정으로 정치를 정비했다. 관위 12계, 17조 헌법을 제정했으며, 국사를 편찬하고 오노노 이모코小野妹子를 수나라에 파견하여 국교를 열어 대륙문화 도입에 힘썼다. 특히 불교 발흥에 진력하여 법륭사, 사천왕사 등을 건립하는 등, 많은 업적을 남겼다. 제1장 각주 33 참조.
58　제90대 천황. 아들인 고우다 천황後宇多天皇에게 양위하고 상황으로 정치를 행하는 이른바 원정院政을 시작했다. 한시문이나 시가에 조예가 깊었다.

기원문을 이세신궁伊勢神宮[59]에 바치며 기도하셨다.

> 짐의 몸으로 국난을 대신하겠다.

또한 쇼와 천황 즉위식의 칙어에는 이렇게 되어 있다.

> 황조황종께서 나라를 세워 백성을 다스리실 때, 나라를 집으로 삼고 백성을 보기를 자식처럼 여겼다. 역대 천황은 대대로 그것을 이어받아 어진 정치는 온 천하에 고루 퍼지고, 만민이 서로 이끌며 군주를 공경하고 충성을 다하는 미풍으로 위를 섬기고, 상하가 진심으로 서로 느끼며 군주와 신민이 일체가 되어 있다. 이것이야말로 우리 국체의 정화이고, 천지와 함께 영원 무궁히 존재해야 하는 바이다.

여기에 군주와 신민이 일체가 되어 그 고락을 함께 하시는 존귀한 조화의 순수한 현현을 뵈올 수 있다. 또한 "임을 위해 세상을 위해 무엇이 아까우랴, 버려도 보람이 있는 목숨이라면"이라는 노래의 마음은 신민이 천황에게 한 몸을 바치는 조화의 극치를 나타낸 것이다.

이러한 우리나라의 조화의 정신이 세계에 확충되고 각각의 민족과 국가가 각자 그 본분을 지키고 그 특성을 발휘할 때, 참된 세계의 평

---

59 미에현三重縣 이세시伊勢市에 있는 신사로 아마테라스를 모신다. 고대에는 사적인 폐백은 금지되었는데 중세 이후 민간의 참배가 성행하게 되었다. 메이지 시대 이후에 국가신도의 중심이 되었으나, 1946년 이후에는 종교법인이 되었다. 20년마다 신전을 개축한다.

화와 그 진보와 발전이 실현될 것이다.

진심 마코토

'진심마코토まこと'은 인간의 정신의 가장 순수한 것이다. 인간은 진심 속에 그 생명의 근본을 지니며 진심을 통해 만물과 일체가 되고, 또한 능히 만물을 살리고 만물과 조화한다.

진심에 대해서는 특히 가모노 마부치賀茂眞淵[1697~1769][60]나 후지타니 미쓰에富士谷御杖[1768~1824][61] 등이 이것을 중시하여 설파하고 있다. 참된 말眞言마코토이자 참된 일眞事마코토이다. 말코토과 일코토은 진심마코토과 일치하므로, 말로 발설된 것은 반드시 실현되지 않으면 안된다. 이 말이나 일의 근저에 진심이 있다. 미쓰에는 마음을 편심偏心, 일향심一向心, 진심眞心으로 나누고 있다. 편심이란 주아主我적인 마음이고, 일향심이란 완고하게 행하는 마음이다. 이것들은 모두 완전한 마음이라고 할 수는 없다. 진심이란 마음이 하고자 하는 대로 행하여 정도를 벗어나지 않는 마음이다. 이러한 마음은 곧 기량이고 말이고 행위이며, 사사로운 것에 집착하지 않고 형통한다. 즉 나를 떠난 순수한 마음, 순수한 행위이다. 실로 진심은 만물을 하나로 융합시켜 완전히 자유롭게 한다. 진심은 예술로 표현되면 미美가 되고, 도덕으

---

60 에도 시대 중기의 국학자이자 가인이다. 『만엽집』을 중심으로 일본 고전을 연구하여 고도古道의 부활에 힘썼다. 특히 『만엽고萬葉考』는 진솔하고 웅건하여 남성미가 분출하는 『만엽집』의 가풍의 부활에 몰두한 저자의 성과물로, 근세 국학 발흥을 재촉한 기념비적인 저작이다.

61 에도 시대 후기의 국학자로 언령言靈을 중시하는 언어론과 주석 등의 고전연구를 행했다.

로는 선善이 되며 지식에서는 진眞이 된다. 미와 선과 진을 만들어내는 근원에 진심이 있다는 것을 알아야 한다. 그리고 진심은 또한, 이른바 밝고 맑고 곧은 마음, 즉 청명심이며, 그것은 우리 국민정신의 근원이 되어 있다.

진심은 이성과 의지와 감정의 근원이므로, 지智, 인仁, 용勇도 진심의 표현이라고 할 수 있다. 우리나라의 도리는 결코 용으로만은 부족하다. 용에만 치우치는 것은 이른바 필부의 용이며, 용과 함께 인을 필요로 한다. 그리고 용과 인을 실현시키기 위해서는 지가 없어서는 안 된다. 즉 이 세 가지는 귀결되어 하나의 진심이 되고, 진심에 의해 세 가지는 참된 역할을 하는 것이다.

메이지 천황은 육해군 군인에게 내리신 칙유[62]에서 충절, 예의, 무용, 신의, 검소의 오덕을 제시하시고, 하나의 성심으로 이것을 관통해야 한다고 일깨우시며 이렇게 말씀하셨다.

위의 5개조는 군인된 자라면 한시도 소홀히 해서는 안 된다. 그런데 이것을 행하기 위해서는 하나의 성심이 대단히 소중하다. 이 5개조는 우리 군인의 정신이고, 하나의 성심은 또한 5개조의 정신이다. 마음에 진심이 없다면 아무리

---

62 1882년에 메이지 천황이 군대에 하사한 칙유로, 주로 '군인칙유'로 약칭된다. 천황의 군대 통솔 취지를 밝힌 후에 충절, 예의, 무용, 신의, 검소의 5대 기본 덕목을 제시했다. 천황에 대한 절대적인 복종을 강조하는 한편, 군의 정치 관여를 역사적 사례를 들어 엄격히 경계했다. 제2차 세계대전 패전까지 군의 정신적 지주로서 군인들에게 암송하게 했다. 패전 후 1948년 6월에 국회에서 교육칙어와 함께 효력 상실이 결의되었다. '군인칙유'의 한국어역은 본서 자료 「육해군 군인에게 내리신 칙유(군인칙유)」 참조.

훌륭한 말이나 좋은 행실도 모두 겉치레일 뿐 무슨 도움이 되겠는가. 마음만 진심이 있다면 어떠한 일도 이룰 것이다.

나아가 진심이 담긴 행위야말로 참된 행위이다. 참된 말은 참된 행위가 된다. 행위가 될 수 있는 말이야말로 참된 말이다. 우리나라의 언령言靈 사상[63]은 여기에 근거를 두고 있어서 행실이 되지 못하는 언어는 이것을 입 밖으로 내는 것을 삼간다. 이것이 사람 마음의 진심이다. 진심으로 가득 찬 말은 곧 언령이고 이러한 말은 커다란 영향력을 갖는데, 즉 무한히 강한 힘을 갖고, 끝없이 널리 통하는 것이다. 『만엽집』에서 일본국은 "말의 영험한 힘이 번성하는 나라"라고 한 것은 이것이다. 그리고 또 한편으로는 "신대로부터 말로 주장하지 않는 나라"라는 말이 있다. 이것은 일견 모순되는 것처럼 보이나 실은 모순된 것이 아니다. 말을 하면 반드시 실행해야 하고, 따라서 실행할 수 없는 말은 함부로 발설하지 않는 것이다. 이리하여 일단 말을 꺼낸 이상은 반드시 실행해야 한다. 아니, 진심의 말, 언령인 이상 필연적으로 실행되어야 한다. 이와 같이 말이 행실이 될 수 있는 근저에는 진심이 있다. 진심에는 자아가 있어서는 안 된다. 일체의 나를 버리고 말을 하고, 또한 그것을 행하는 곳에 진심이 있고 진심이 빛난다.

---

63 영험한 힘이 말에 깃들어 있다고 믿는 일본 고대의 사상으로, 발화된 말에는 그대로의 결과를 초래하는 힘이 존재한다고 여겨졌다.

제2장 국사國史에 현현顯現된 국체

1. 국사를 일관하는 정신

국사의 진의

국사는 건국의 큰 정신이 한결같이 전개되어 오늘에 이르고 있는 흔들림 없는 역사이다. 역사에는 시대의 변화추이와 함께 이것을 일관하는 정신이 있다. 우리 역사에는 건국 정신이 엄연히 존재하고, 그 정신이 더욱더 명백해져 가므로, 국사의 발전은 곧 건국 정신의 전개이고 영원한 생명의 창조발전이 되고 있다. 그런데 다른 나라에서는 혁명이나 멸망에 의해 국가의 명맥이 끊어져 건국 정신이 중단되고 소멸되어 다른 국가의 역사가 발생한다. 그로 인해 불후불멸不朽不滅의 건국 정신이 역사를 일관하여 존속되는 예는 없다. 따라서 다른 국가에서 역사를 관통하는 것을 찾아볼 경우에는 추상적인 이성의 일반법칙 같은 것을 내세울 수밖에 도리가 없다. 이것이 서양에서의 역사관이 국가를 초월하여 논해지는 까닭이다. 그런데 우리나라에서는 건국의 큰 정신, 연면히 이어오는 황통을 기반으로 하지 않고서는 역사는 이해될 수 없다. 기타바타케 지카후사北畠親房[1293~1354][1]는 우리 황통이 만방에 비할 데 없음을 설파하여 『신황정통기神皇正統記』의 서두에서 이렇게 서술하고 있다.

> 대일본은 신국神國이다. 천조天祖가 처음으로 기반을 열고 일신日神이 오래도록 혈통을 이으신다. 우리나라만 이러한 일이 존재한다. 다른 나라에는 그러한 예가 없다. 이런 탓에 신국이라고 하는 것이다.

국사에서는 유신維新을 볼 수가 있지만, 혁명은 절대로 없고 건국의 정신은 국사를 관통하여 연면히 오늘에 이르며, 그리하여 나아가 내일을 일으키는 힘이 된다. 그런 탓에 우리나라에서는 국사는 국체와 하나이고, 국체의 자기표현이다.

앞서 서술한 이자나기 님과 이자나미 님 두 신의 수리고성, 아마테라스 대신이 나라를 시작하신 정신은 대대로 계승되어 역대 천황께서 나라를 통치하시는 크신 마음이 되고 있다. 즉 신칙의 정신은 역대 천황의 조칙에서 일관되게 뵈올 수 있고, 국사에 나타나는 개신改新 또는 유신은 이러한 근본으로 회귀함으로써 올바름을 드러내는 작

---

1 가마쿠라 시대의 귀족으로 고다이고 천황의 신임을 얻어 황자를 양육하지만 어려서 요절하자 출가한다. 겐무의 중흥으로 다시 출사했고, 천황 사후에는 남조의 중추로서 세력 회복에 힘썼다. 남조의 정통성을 주장한 『신황정통기』는 후세에 널리 읽혔다.

용이다. 그리하여 신민은 항상 이 대의에 기반하여 천황의 국가 통치의 원대한 계획宏謀을 보필하고 광휘 있는 국사를 이루어 온 것이다.

오쿠니누시 신大國主神의 국토 봉헌

『고사기』와『일본서기』에 의하면 황손이 도요아시하라노미즈호국[일본]에 내려오시기에 앞서, 가시마鹿島와 가토리香取 두 신을 이즈모에 보내시어 오쿠니누시 신에게 아마테라스 대신의 신칙을 전하시자, 오쿠니누시 신은 그 아들 고토시로누시 신事代主神과 함께 즉시 칙명을 받들고 공순하여 국토를 봉헌하고 정사에서 멀어지셨다고 한다. 이것은 삼가 대업을 받든 중대한 사례인데, 그때 오쿠니누시 신은 이렇게 맹세하셨다.

나의 아들 두 신이 말씀드린 대로 따르며 거역하지 않겠습니다. 이 아시하라중국[일본]은 천손의 말씀대로 모두 봉헌하겠습니다. 다만 내가 살 곳을 천신의 아드님이 황위를 이어 천하를 다스리시는 궁전처럼 땅속의 반석에 궁전 기둥을 굵게 세우고 다카마노하라를 향해 히기氷木[2]를 높이 세운 신전을 만들어준다면 나는 백에 못 미치는 팔십 모퉁이를 지난 먼 곳에 숨어 있겠습니다. 그리고 나의 자식인 백팔십 신들은 야에코토시로누시 신八重事代主神이 앞에 서고 뒤에 서서 이를 모신다면 거역하는 신은 없을 것입니다.

---

2 지붕 양쪽 끝의 나무가 교차하여 용마루보다 위로 솟아오른 부분을 말한다.

이렇게 국토를 봉헌하신 오쿠니누시 신은 대신으로부터 웅장하고 화려한 궁전을 하사받고 정중한 대우를 받으셨다. 그리고 오쿠니누시 신은 오늘날의 이즈모 대사에 모셔져 영원히 우리나라를 지키시게 되었다. 우리는 여기서 도쿠가와 막부 말기에 천하의 정치를 조정에 되돌려 드리고, 또한 그 후 각 번주藩主가 토지와 인민에 관한 판적版籍을 조정에 되돌려 드림으로써 미나모토노 요리토모源賴朝[1147~1199][3]가 창시한 막부가 멸망하고 천하의 정치를 조정으로 되돌린 메이지 유신의 왕정복고에서 큰 정신의 선례를 보는 것이다.

진무 천황神武天皇의 천업회홍天業恢弘

진무 천황의 동방 정벌은 오랜 기간에 걸쳐 많은 곤란과 싸우시고, 형님이신 이쓰세 님을 잃으실 정도로 비통하셨음에도 불구하고, 천신의 자손으로서의 신념과 천업을 널리 펼치신 정신으로 드디어 그 대업을 달성하셨다. 신대로부터 전해 내려오는 것과 그 이후의 국사에 비추어보건대, 역대 천황의 이와 같은 한없는 노력에 의해 능히 모든 난관을 극복하고 천업을 널리 펼치시어 더욱더 선하고 아름다운 국가가 만들어져, 우리 국체의 광휘는 한층 더해지는 것이다. 진무 천황이 야마토의 가시와라橿原[나라현 중부]에 도읍을 정하시며 내리신 조칙에는 이러한 말씀이 있다.

3　가마쿠라 막부 초대 장군. 미나모토 씨와 다이라平 씨의 경합 과정에서 유배되기도 하지만, 세력을 확대하여 가마쿠라를 본거지로 동부지방을 지배하며 다이라 씨 등을 멸망시키고 일본 최초로 무사정권을 수립했다.

무릇 성천자가 제도를 세우는바, 그 절차는 반드시 시기에 부합한다. 만일 백성에게 이익이 있다면, 어찌 성천자의 업이 아니리. 또한 마땅히 산림을 개간하여 궁전을 짓고, 삼가 황위에 올라 백성을 편안하게 다스려야 한다. 위로는 천신께서 나라를 주신 덕에 보답하고, 아래로는 황손이 바른 길을 닦으신 마음을 펼쳐 간다. 그런 후에 사방을 통합하여 도읍을 열고 온 천하를 아울러 집으로 삼는 것이 또한 옳지 않겠는가.

즉 천신께서 나라를 주시고 황손이 바른 길을 펼치시는 정신을 분명히 하셨다. 이러한 크신 마음은 앞서 말한 건국의 사실 중에도, 신칙 안에도 명백히 드러나 있어서, 황손이 바른 길을 닦는 마음을 펼치시는 것은 진무 천황 이후 역대 천황의 성스러운 통치에 의해 명확하다. 즉 이것이 황조황종이 나라를 시작하신 뜻이 심오하고 덕을 세우신 뜻이 깊고 두터운 까닭이다. 진무 천황은 이러한 깊고 크신 마음과 사방을 아우르고 온 천하를 덮는 큰 정신으로 즉위하셨다. 또한 천황 4년 봄에는 조칙을 내리시어 이렇게 말씀하셨다.

우리 황조의 혼이 하늘에서 내려오셔서 나의 몸을 비추셨다. 지금 모든 원수들은 이미 평정되고 천하는 안정되었다. 따라서 천신을 받들어 큰 효도를 아뢰고자 한다.

제단을 도미 산속에 세우고 황조 천신을 모시고 보본반시報本反始의 정성을 다하셨다.

스진 천황의 신기神祇 숭경

내려 와서 스진 천황이 아마테라스 대신을 야마토의 가사누이읍笠縫邑에 모시고, 이어서 스이닌 천황이 이세의 이스즈강五十鈴川 기슭에 황대신궁皇大神宮[이세 신궁의 내궁]을 창시하신 것은 황조를 숭경하는 크신 마음의 표현이다. 더욱이 스진 천황이 사도장군을 보내시어 백성의 교화를 넓히시고, 조세에 관한 법칙의 기초를 정해서 공물과 부역을 부과하고 못과 개울을 파신 일 등은 황조황종의 정신을 계승하고 더욱더 천업을 소술敍述하고 널리 펼치신 것이다.

다이카 개신大化改新

다이카 개신은 씨족제도의 폐해를 교정하고자 나카노오에 황자中大兄皇子[4]가 고토쿠 천황을 보좌하여 행하셨다. 이 개신에서는 지나의 왕도사상을 받아들이고 수와 당의 제도를 참작하셔서 유력한 씨족의 인민 사유나 토지 겸병 등의 폐해, 특히 소가蘇我 씨의 주제 넘는 행위를 제거하셨다. 그리고 이 개신의 큰 정신은 쇼토쿠 태자가 헌법 17조에서 군신의 대의를 명백히 하신 것에 그 가까운 원천을 두고 있다. 고토쿠 천황은 나카노오에 황자로 하여금 쇼토쿠 태자의 이 정신을 정치와 제도상에서 단행케 하신 것이다.

스이코 천황 시대에 정해진 관위 12계 제도는 씨족이 전횡을 일삼을 때에 천황 중심의 대의, 일시동인一視同仁의 크신 마음을 밝히시고,

---

4 제1장 각주 19 참조.

누구나 모두 그 뜻을 이루어 삼가 성업을 받들어야 하는 것을 제시하신 것이다. 또한 헌법 17조에서는 조화和의 정신을 비롯하여, 나라에 두 군주가 없고 백성에 두 주인이 없음을 명백히 알리시고, 군신君臣과 공사公私의 도리를 밝히고 계신다. 이 군신의 대의, 일시동인의 정신이 다이카 개신에서 나타난 것을 보건대, 나카노오에 황자의 봉답문奉答文에는 "하늘에 두 해가 없고, 나라에 두 왕이 없다. 이런 연유로 천하를 아우르고 만민을 다스리실 분은 오로지 천황뿐"이라고 되어 있다. 또한 천황은 국사國司[지방관]에게 "사람들한테서 뇌물을 취해 백성을 빈곤하게 해서는 안 된다"고 말씀하셨다.

이렇게 다이카 개신은 씨족이 사유한 부민部民과 전장田莊을 조정에 되돌리게 하고, 일체의 정치권력을 남김없이 조정으로 귀속시키며, 누습 타파를 위해 외래의 사상과 제도도 참작하셨는데, 다이카 원년[645]의 조칙에는 이렇게 되어 있다.

　　마땅히 상고上古 시대 성왕의 치적을 따르며 천하를 다스려야 한다.

또한 다이카 3년[647]의 조칙에는 이렇게 되어 있다.

　　이 국토는 신의 뜻대로 나의 자손이 통치하도록 위임시켰다. 이로써 천지시초부터 황손이 군주로서 군림하시는 나라이다. (……) 그런고로 지금은 신의 뜻대로 다스리고 평정해야 하는 때를 맞아, 그것들을 깨닫게 하고, 나라를 다스리고 백성을 다스리는 일을 우선 하는 일도 있고 나중에 하는 일도 있다. 오늘도 내일도 계속 이어서 조칙을 내리리라.

신의 뜻대로 나라를 시작하신 대의에 따라, 살아계신 신이신 천황을 중심으로 하는 고대의 정신을 회복하려는 원대한 계획을 제시하셨다. 또한 소가노 이시카와노마로蘇我石川麻呂[?~649][5]가 "먼저 천지의 신을 모시고, 그 후에 마땅히 정사를 논해야 한다"고 말씀하신 것은 고래의 제정일치 체제에 따르려는 것이었다. 이와 같이 복고유신復古維新 정신에 의해 개혁이 이루어지고 천업이 널리 펼쳐지는 곳에 우리나라의 신대로부터 이어지는 큰 도리가 명백히 드러나는 것을 볼 수 있다.

이 개혁은 다이카 시대[645~650]에 완성된 것이 아니고, 몬무 천황 시대까지 미치고 있다. 즉 제반 법령은 오미령近江令[6]으로 정리되었고, 이어서 다이호大寶의 율령제도[7]가 되었고, 이후에 요로養老의 수정을 거쳐 요로율령[8]을 보게 되었다. 덴무 천황天武天皇[?~686][9]은 천신지

5 아스카 시대 조정의 신하로, 중앙 호족이었던 소가노 에미시蘇我蝦夷를 반대하여 딸을 나카노오에 황자의 비로 보냈으며 황자 등과 함께 다이카 개신을 계획하고 실행한 후 우대신右大臣이 되었으나 649년에 반란을 꾀한다고 모함을 받아 자결했다.

6 덴치 천황 시대[668]에 제정된 법령으로 현존하지 않으며 제정에 관한 확실한 사료가 없다.

7 8세기 초반에 제정된 일본의 율령이다. 당의 영휘율령永徽律令[651년 제정]을 참고한 것으로 여겨지는 일본사상 최초의 본격적인 율령으로, 이 율령의 반포 및 시행으로 고대 일본은 본격적인 율령제 국가로 들어서게 되었다.

8 후지와라노 후히토藤原不比等가 학자 및 도래인과 함께 다이호 율령의 조문 수정을 지시하여 요로 7년[718]에 완성되었다고 전해지고 있다. 편찬사업은 그 후에도 계속되어 757년에 공포되어 시행되었다. 율律의 태반은 산실되었으나 영令은 대부분이 현존하는 『영의해令義解』 본문에 남아 있다.

기를 극진히 숭경하시고, 또한 상고上古의 여러 가지 일들을 기록하여 후세에 전해야 하는 필요에 의해 제기帝紀의 편찬에 착수하셨다. 이 정신과 사업은 후대에 계승되어, 이후에 『고사기』와 『일본서기』의 편찬으로 이어졌다.

와케노 기요마로和氣淸麻呂의 충성

앞서 소가 씨의 권력 남용이 제거되고 우리나라 본래의 큰 도리로 복귀한 것을 언급했는데, 쇼토쿠 천황稱德天皇[718~770] 시대에는 승려 도쿄道鏡[?~772]의 위세와 권력이 조정과 백성을 제압하고 황위를 넘보기에 이르렀다. 그러나 이에 대해 와케노 기요마로和氣淸麻呂[733~799]가 조칙에 따라 신의 가르침을 받들어 의연한 정신으로 일신의 안위를 잊고 과감하게 그 헛된 바람을 꺾었다.[10] 기요마로가 명령에 복종한 신의 가르침은 『속일본기續日本紀』[11]에 이렇게 되어 있다.

9　덴치 천황의 동생으로, 형의 사후에 덴치의 황자와 황위를 다투어 승리를 거두고 즉위했다. 성씨 제정이나 국사 편찬 등으로 율령제를 정비했다.

10　쇼토쿠 천황(여제)은 나라 시대 제48대 천황으로 불교에 귀의했다. 법상종의 승려인 도쿄는 762년에 병에 걸린 쇼토쿠 천황의 건강 회복 기도를 올리고 그 공적을 인정받아 법왕法王이 되는 이례적인 출세를 한다. 그 후 "도쿄를 천황으로 삼으라"는 신탁이 내렸다는 소문이 돌았고, 이를 확인하기 위해 파견된 와케노 기요마로는 "일본에서 신하가 군주가 된 예는 없다. 황위에는 황족을 세워야 한다"는 신탁을 올려 도쿄의 야심을 저지했으나, 쇼토쿠 천황에 의해 유배되고 만다. 하지만 쇼토쿠 천황이 사망 후 도쿄는 실각했고, 기요마로는 다시 조정에 복귀했다.

11　『일본서기』를 잇는 칙찬 역사서로 헤이안 시대 초기에 편찬되었다. 육국사六国史 중 두 번째로 수정과 재편 등의 편찬 과정을 거쳐 797년에 완성되었다. 몬무 천황부터 간무 천황까지, 즉 697~791년의 95년간을 편년체로 기록하였다.

우리 국가는 개벽에서 오늘날까지 군신의 직분이 정해져 있다. 신하를 군주로 삼는 일은 아직 없었다. 황위는 반드시 천황의 혈통을 세우라. 무도한 자는 능히 빨리 제거해야 한다.

기요마로는 이에 따라 천양무궁의 황위를 충실히 지키고 황운을 부익하는 큰 임무를 다한 것이며, 훗날 고메이 천황孝明天皇[1831~1866][12]은 기요마로에게 호왕대명신護王大明神이라는 신의 호칭을 내리셨다.

가마쿠라鎌倉 막부의 창설

미나모토노 요리토모가 다이라 가문平家[13]을 멸망시킨 후, 슈고守護와 지토地頭[14]의 설치를 주청奏請하고 전국의 토지 관리를 시행하여 정권을 장악하고 막부 정치를 시작한 것은 참으로 우리 국체에 반하는 정치의 변태였다. 그 때문에 메이지 천황은 육해군 군인에게 내리신 칙유勅諭[15]에서 막부 정치에 대해 "한편으로는 우리 국체에 반하

---

12 제121대 천황으로 에도 막부 마지막 천황이다. 기본적으로 양이를 바랐지만 존황양이파 지사들의 과격한 막부토벌운동에 반대하였다.

13 헤이안 시대 전기에 율령국가가 쇠퇴하고 황실 경제가 궁핍해진 결과 경비 삭감을 위해 황족에게 성을 부여해 신적으로 내리는 것이 일반화되었다. 다이라 씨도 그 중 하나로, 미나모토 씨源氏와 함께 대표적인 호족으로, 특히 헤이안 시대 말기에 정권을 잡은 다이라노 기요모리平清盛 일족을 가리킨다.

14 모두 가마쿠라 막부의 직명으로 슈고는 막부가 치안유지와 무사 통제를 위해 지방 단위로 설치한 지방관이고, 지토는 장원의 연공 수익을 내는 토지 관리권, 징세권, 경찰권, 재판권을 가지며 영역 내 주민들을 지배했던 관리이다.

15 본문은 본서의 자료 「육해군 군인에게 내리신 칙유(군인칙유)」 참조.

고, 한편으로는 우리 조종祖宗의 제도를 배반하여 한심할 따름이다"
라고 말씀하시고, 나아가 "또 다시 중세 이후처럼 올바른 제도를 잃
는 일이 없기를 바란다"고 경계하셨다.

겐무建武의 중흥

미나모토 씨의 멸망 후, 집권한 호조北條 씨[16]는 종종 천황의 명령
에 따르지 않았고 요시토키北條義時[1163~1224][17]에 이르자 더욱 불손
해졌다. 따라서 고토바 상황後羽鳥上皇[1180~1239][18]과 쓰치미카도 상
황土御門上皇[1195~1231], 준토쿠 상황順德上皇[1197~1242][19]은 예전과 같
은 천황의 친정체제를 회복하고자 호조 씨의 토멸을 기도하셨다. 이
것은 황조가 나라를 시작하신 원대한 계획을 이어가시는 왕정복고
의 크신 정신에서 나온 것이다. 그런데 그동안의 호조 씨의 악행은
차마 같은 하늘을 이고 살아갈 수 없는 것이었다. 그러나 세 분의 상
황의 정신은 마침내 고우다 천황後宇多天皇[1267~1324][20]부터 고다이

---

16 가마쿠라 막부에서 장군을 보좌하던 집정執政 가문으로, 헤이안 시대 중기에 무장이었
던 다이라노 사다모리平貞盛의 후예가 이즈 호조伊豆北条에 살아서 호조로 칭했다. 다이라노
도키마사時政는 미나모토노 요리토모의 막부 창업을 도운 후 보좌역을 계승하며 막부의 최
고 실력자가 되었다.

17 가마쿠라 막부 제2대 집정. 고토바 상황이 막부 타도를 위해 거병했을 때 진압하여 막
부 권력을 안정화시켜 호조 씨의 집권 정치를 굳혔다.

18 제82대 천황. 상황은 천황 양위 후의 존칭이다.

19 쓰치미카도 천황은 제83대, 준토쿠 천황은 제84대 천황으로 모두 고토바 천황의 황자
이다. 함께 막부 타도를 기도하다가 유배되어 사망한다.

20 제91대 천황. 가메야마 천황의 두 번째 황자로, 대각사 계통[남조]의 천황으로 양위
후에 아시카가 씨가 옹립하는 지명원 계통[북조]에서 천황이 연이어 나왔기 때문에 막부
에 항의하여 아들인 고니조 천황後二条天皇 즉위를 실현시켰다.

고 천황에 이르러 발현되어 겐무 중흥의 대업을 이루게 되었다. 당시
의 황실에서 엔기延喜[901~923][21]와 덴랴쿠天曆[947~957][22] 시대를 본받
아 세상을 옛날로 되돌리려는 뜻을 세우신 것은 여러 문헌에서 엿볼
수 있다. 실로 겐무의 중흥은 거슬러 올라가면 다이카 개신과 서로
통하고, 내려오면 메이지 유신을 환기시키는 성업으로, 여기에는 천
황을 비롯해 여러 친왕[23]의 진력과 함께, 많은 충신의 보좌가 있었다.
즉, 충신에는 기타바타케 지카후사, 히노 스케토모日野資朝[1290~1332],
히노 도시모토日野俊基[?~1332][24] 등을 비롯해, 닛타 요시사다新田義貞
[1301~1338],[25] 구스노키 마사시게楠木正成[1294?~1336] 등이 있어서 쇠
퇴한 조정의 위신을 회복하는 위업이 성취되었다. 그 중에도 구스노
키 마사시게의 공적은 오랫동안 후대의 귀감이 되고 있다. 『태평기太
平記』[26]에는 "주상主上께서 어렴御簾[발]을 높이 들어 올려 마사시게를

---

21   다이고 천황 시대의 원호로, 엔기 연간은 형식적이나마 다이고 천황에 의한 친정이 이
루어져, 이후에 '엔기의 치治'라 불리게 된다.
22   헤이안 시대 중기 무라카미 천황村上天皇 시대의 원호로, 천황 친정이 이루어지고 정치
와 문화에 적극적이었던 시대로서 후세에 칭송되었다.
23   천황의 형제나 황자의 칭호.
24   가마쿠라 시대 말기의 조정 대신들로 고다이고 천황에게 등용되어 막부타도 운동을
추진했지만, 실패하여 사도佐渡로 유배되어 모두 참살되었다.
25   가마쿠라 시대의 무장으로 막부를 공격하여 멸망시키고 고다이고 천황의 겐무 신정
에서 중용되었다. 아시카가 다카우지가 신정권을 이반하자 남조의 중심으로서 각지에서
전투를 전개하다가 결국 토벌되어 죽는다.
26   남북조의 동란을 묘사한 '군기 이야기軍記物語'로 전40권. 수차에 걸쳐 증보되어 1370
년대에 현재의 형태로 되었다고 전해진다. 호조 다카토키北条高時의 실정, 고다이고 천황의
호조 씨 토벌 계획에서 시작되어 겐무 신정의 완성과 붕괴, 아시카가 다카우지의 모반을
거쳐 남북조의 대립에 이르는 50여 년간의 동란을 묘사했다.

가까이 부르시고 조속히 대의를 완수한 공적은 오로지 네가 충성으로 싸웠기 때문이라고 말씀하시자" 마사시게는 황송해서 "이것은 군주의 신성한 문무의 덕에 의하지 않는다면, 미천한 제가 어찌 변변치 않은 계략으로 강적의 포위를 뚫을 수 있겠습니까"라고 공손히 답했다고 전해지고 있다. 이것이 진정한 충신의 정신과 사업으로, 나를 잊고 천황의 크신 마음, 나라를 시작하신 크신 정신을 받들고, 거기에서 나오는 순수한 정신, 순수한 행위를 나타내는 것이다. 그의 미나토가와 신사湊川神社[27]의 묘비에 "아아 충신 구스노키의 묘嗚呼忠臣楠子之墓"라고 쓰여 있는 것은 이 구스노키 씨의 순수한 충성을 오래도록 후세에 전하는 것이다.

이상과 같은 겐무 중흥의 대업도 정권의 쟁탈을 일삼아서 대의를 완전히 망각한 아시카가 다카우지足利尊氏[1305~1358][28]에 의해 뒤집혔다. 즉 대역무도한 아시카가 다카우지는 국체를 분별하지 못하고, 사리사욕을 탐하는 무리를 사주하여 이 대업을 중단시켰다. 이리하여 천황이 정치상 제반 개혁에 나서시어, 조국의 정신을 선양하려 하신 중흥의 사업은 다시 암운 속으로 가라앉기에 이르렀다. 기타바타케 지카후사는 이것에 대해 이렇게 탄식했다.

무릇 천황이 통치하시는 국토에 태어나 충성을 다하고 목숨을 바치는 것은

---

27 효고현 고베 시에 있는 구스노키 마사시게를 모시는 신사.
28 무로마치 막부의 초대 장군으로 겐무의 중흥의 계기를 만드는 역할을 하여 고다이고 천황의 신임을 얻었지만 이후에 천황을 배반하여 1336년에 고메이 천황光明天皇을 옹립하여 무로마치 막부를 열어 남조와 대립했다.

신하된 자의 도리이다. 결코 이것을 자신의 이름을 드높이는 것으로 생각해서는 안 된다. 그러나 후대의 사람들을 격려하고 그 충신의 자손들을 어여삐 여기고 상찬하는 것은 군주의 다스리는 도리이다. 백성으로서 군주의 은혜와 상찬을 입기 위해 경쟁해야 하는 것이 아닌가. 하물며 특별한 공적도 없이 과분한 욕망을 갖는 것은 자기 자신을 위험하게 하는 단서이나, 선조들의 잘못을 통해 자신을 바로잡는 것은 참으로 행하기 어려운 것이리라.

『태평기』에 보이는 고다이고 천황의 유언에는 이러한 말씀이 있다.

그저 살아서나 죽어서나 생각하는 것은, 조정에 맞서는 적을 남김없이 멸하고 천하를 태평하게 하고 싶은 일념뿐이다. 내가 일찍 세상을 떠난 후에는 제8황자[29]를 천자의 지위에 올리고, 현명한 선비와 충성스러운 신하가 일을 도모하여 요시스케義助[닛타 요시사다의 동생]의 충의의 공적을 상찬하고, 그 자손에게 도에 벗어난 불충의 행위가 없으면, 믿고 의지할 수 있는 중신으로 삼아 천하를 평정함이 옳을 것이다.

고다이고 천황부터 4대, 비운의 60년간은 요시노吉野[나라현 남부]에 계셨는데, 고카메야마 천황後龜山天皇[?~1424]은 민간의 우려를 없애시려는 크신 마음에서 양위의 뜻으로 신기神器를 고코마쓰 천황後小松天皇[1377~1433]에게 주셨다.[30] 이 기간에 조정의 중심이 된 기타바타

---

29 제97대 고무라카미 천황後村上天皇[1328~1368]을 말한다.

케 지카후사는 『신황정통기』를 저술하여 "신대로부터 이어지는 올바른 황통을 부정해서는 안 되는 도리"에 대해 언급하여 우리나라의 대도를 천명하였다. 지카후사의 이 위대한 사업은, 후에 『대일본사大日本史』[31] 등의 역사서가 만들어지고 국체를 명징하게 하는 원인이 되었다. 또 요시노조[남조를 말함]의 정서장군征西將軍인 가네요시 친왕懷良親王[1329~1383][32]이, 명나라 태조의 위협에 대해 나라의 위세를 조금도 수치스럽게 하지 않으신 태도는 황조가 나라를 시작하신 정신을 견지하신 강력한 외교로, 그 후 다카우지의 자손인 요시미쓰義滿[1358~1408][33]와 요시마사義政[1435~1490][34]가 안으로 신하로서의 대의

---

30   겐무 3년[1336]에 고다이고 천황이 요시노吉野로 옮기고 나서 고카메야마 천황後亀山天皇이 교토로 돌아와서 남북조가 합체한 1392년까지의 57년간 요시노의 남조[대각사 계통]와 아시카가 씨가 옹립하는 교토의 북조[지명원 계통]가 대립하여 싸운 남북조 시대를 말한다. 제99대 천황인 고카메야마 천황은 아시카가 씨의 제안에 응해 신기를 북조의 고코마쓰 천황에게 건네고 양위하여 남북조 합일을 실현했다.

31   한문으로 쓰인 일본사서로 1657년 미토번水戸藩의 번주였던 도쿠가와 미쓰쿠니德川光圀의 명령으로 착수하여 1906년에 완성되었다. 진무 천황에서 고코마쓰 천황까지의 역사를 기전체로 편술하였다. 진구 황후를 황위에서 빼고 오토모 황자大友皇子[덴치 천황의 아들]를 고분 천황弘文天皇으로 했으며, 남조를 정통으로 한 세 가지 점이 특징적이며, 그 대의명분론 사관은 막부 말기의 존황 사상에 커다란 영향을 미쳤다.

32   고다이고 천황의 황자로 서부 지방 평정을 위해 파견된 정서장군征西将軍이 되어 규슈九州로 건너갔다. 다자이후大宰府를 중심으로 남조의 세력을 펼쳤다. 1369년에는 동중국해 연안의 왜구 진압을 '일본국왕'에게 명하는 명나라 태조의 국서가 가네요시 친왕한테 전달되었다. 국서의 내용은 고압적이어서 가네요시는 사신들을 살해하거나 돌려보내는 조치 등을 취했다. 명나라 측 기록인 『태조실록』에는 '국왕'이 스스로 신하로 칭하며 조공을 바치고 포로를 송환한 것으로 되어 있다. 어쨌든 명나라는 가네요시를 '양회良懷'라는 이름으로 '일본국왕'에 책봉했다. 그 후 막부 측의 압력으로 가네요시의 세력은 진압되었으나, 아시카가 요시미쓰도 명으로부터 외교관계를 맺을 상대로 인식되지 않는 곤란한 상태가 지속되었다.

33   무로마치 막부 제3대 장군으로 남북조 합일을 이루었고 명과 감합무역勘合貿易을 개시

를 잊고 군신으로서의 명분을 어지럽혔을 뿐 아니라, 밖으로 명나라
에 대해 국위를 훼손한 태도와는 실로 하늘과 땅만큼의 차이가 있다.

무로마치 시대 이후에 황송하게도 황실이 쇠퇴한 동안에도 천양무
궁의 황운은 미동도 하지 않고 국내가 분란에 휩싸인 가운데서도 존
황 경신의 정신은 드높아지고 그 정신은 언제나 망각되는 일이 없었
다. 여기에 덧붙여 신도 사상이 점차 발흥하고, 또한 국민의 황실에
대한 숭경은 다양한 아름다운 충성의 사적이 되어 나타났다.

에도江戸 시대의 존황尊皇 정신

앞서 가마쿠라 시대의 송학宋學과 선학禪學[35]이 대의명분론과 국체
론이 일어나는 것을 돕는 힘이 되고, 그것이 이어서 겐무 중흥의 대
업 달성에 영향을 미쳤는데, 도쿠가와 막부는 주자학을 채용하여, 이
학문의 계통에서 『대일본사』의 편찬을 중심으로 미토학水戸學[36]이 일
어나고, 또 그것이 신도사상, 애국의 진심과 결합하여 야마자키 안사
이山崎闇齊[1618~1682][37]의 소위 기문학파崎門學派를 탄생시켰다. 안사

하여 무로마치 막부의 최성기를 맞이했다. 노가쿠能樂 보호, 금각사 건립 등에 보이는 이
시대의 문화를 기타야마 문화北山文化라고 한다.

34 무로마치 막부 제8대 장군으로 동생인 요시미義視를 양자로 삼았으나 이듬해에 자식
인 요시히사義尚가 태어나 장군 계승 다툼이 전란으로 발전하는 원인이 되었다. 장군직을
요시히사에게 양위하고 이후에 은각사를 건립했다. 종교와 예술을 애호하여 히가시야마
문화東山文化가 번성하는 계기를 만들었다.

35 선종의 교의를 연구하는 학문.

36 미토번의 『대일본사』 편찬사업을 중심으로 일어나서 후세에 대성한 학풍을 미토학이
라고 한다. 국체론과 존황양이 사상으로 발전한 미토학은 막부 말기 정치운동의 중핵이 되
었다.

이의 문하생인 아사미 게이사이淺見絅齊[1652~1711]의 『정헌유언靖獻遺言』,[38] 야마가 소코山鹿素行[1622~1685]의 『중조사실中朝事實』[39] 등은 모두 존황의 대의를 강조한 것으로,『태평기』, 라이 산요賴山陽[1780~1832]의 『일본외사日本外史』,[40] 아이자와 세이시사이會澤正志齊[1782~1863]의 『신론新論』,[41] 후지타 도고藤田東湖[1806~1855]의 『홍도관기술의弘道館記述義』,[42] 그 밖에 국학자의 논저 등과 함께, 도쿠가와 막부 말기에 근황勤皇의 뜻을 가진 지사들에게 다대한 영향을 미친 책이다.

---

37 에도 시대 전기의 유학자이자 신도神道 연구자로 처음에 승려였다가 주자학으로 전향하여 주자의 본의의 순화와 경의敬義의 실천을 중시하는 엄격주의적 주자학을 주창했다. 말년에 신도가인 요시카와 고레타리吉川惟足의 전수를 받아 신도와 유교를 결합하여 스이카 신도垂加神道를 일으켰다. 문하[崎門]에 아사미 게이사이淺見絅齋 등이 나왔다.

38 기문학파 주자학자로, 그가 저술한 『정헌유언』은 의에 만족하고 선왕에게 성의를 다한다[靖獻]는 취지에서, 초나라 굴원에서 명나라 방효유方孝孺에 이르는 중국의 8명의 충신들이 남긴 유문이나 약전을 기록하는 한편, 일본의 충신의사의 행장을 실은 것으로, 널리 읽혀 이후의 존황양이와 막부타도론에 커다란 영향을 미쳤다.

39 에도 시대 전기의 유학자로, 주자학, 가학歌学, 신도 등을 익혔으며, 주자학을 배척하고 고도의 길로 복귀할 것을 주장한 책의 필화로 유배당한다. 유배지에서 저술한 책이 『중조사실』인데, 황통의 계보와 사적을 기록하여 그 정통성과 정치적 권위를 주장한 것이다.

40 라이 산요는 에도 후기의 유학자이다. 히로시마広島번의 유관으로 일찍이 번학을 주자학으로 통일했던 슌스이春水의 장남으로, 오사카에서 출생했다. 18세에 에도로 나가 경학, 역사를 배웠고, 임의로 번을 나가 유폐되기도 했다. 그때부터 집필을 시작한 『일본외사』(1836~37)는 무사가문의 흥망의 역사를 기록한 것으로, 20여 년에 걸쳐 집필하였고 사후에 출판되어 미증유의 베스트셀러가 되었다. 본서의 저류에는 일본 역사에서의 황실의 존속을 중시하여 천황의 권위를 절대시하는 대의명분론적 관점과 역사상 정치적 실권이 계속 교체되어 왔다는 관점이 깔려 있다. 이러한 역사관이 정열적인 명문과 함께 막부말기의 존황운동에 커다란 영향을 미쳤다.

41 아이자와 세이시사이는 후기 미토학을 대성시킨 인물로 『대일본사』 편찬에 종사하는 한편, 1825년에 주요 저작『신론』을 저술하여 존황양이를 고취한다. 후지타 도고 등과 함께 번주 옹립에 분주한 후 번 개혁파의 중심이 되어 번교인 홍도관弘道館 창설에 진력했다.

유학 방면에서 대의명분론과 함께 중요시해야 할 것은 국학의 성립과 그 발전이다. 국학은 문헌에 의한 고사古史와 고문 연구에서 출발하여 복고주의 입장에서 고도古道와 신대로부터 내려온 큰 도리를 역설하여 국민정신의 작흥에 기여하는 바가 컸다. 모토오리 노리나가本居宣長[1730~1801]의 『고사기전古事記傳』은 그 첫째로 꼽아야 하는 것이지만, 히라타 아쓰타네平田篤胤[1776~1843] 등도 신대로부터의 큰 도리를 역설하고 국학에서의 연구 성과를 실천에 옮겼다.[43] 도쿠가와 말기에는 신도가, 유학자, 국학자 등의 학통은 지사들 사이에서 교착하였는데, 존황사상은 양이설과 결합하여 근황의 뜻을 품은 지사들을 분기시켰다. 실로 국학은 우리 국체를 명징케 하고 이것을 선양하는 데 힘써, 메이지 유신의 원동력이 되었던 것이다.

---

42 후지타 도고는 막부말기 미토번의 정치가이자 미토학의 대가로 존황과 지사들에게 커다란 영향을 미쳤다. 번주인 도쿠가와 나리아키라德川齊昭의 심복으로 번의 개혁에 관여했다. 1855년에 발생한 대지진으로 무너지는 집에서 어머니를 구하다 압사당했다. 『홍도관기술의』는 홍도관 개교 당시 그 교육방침을 제시하기 위해 집필된 『홍도관기弘道館記』의 주석서이다.

43 노리나가는 에도 시대 중기 이후의 국학의 정점을 이룬 국학자이다. 그의 문학론은 인간 본연의 진실을 억압하는 유교와 불교에 대한 반발과, 인정의 순수함이 그대로 표현되었다고 보는 고대문학에 대한 찬미로 이루어져 있으며, 신화의 세계를 바탕으로 한 독특한 신도설로 이론적인 뒷받침을 했다. 그리고 유·불을 대신하여 본연의 모습을 존중하는 관념을 일본의 『고사기』에 보이는 신들의 사적에서 찾아 『고사기전』을 집필한다. 그리고 그 신들을 모시는 일본은 가장 위대한 나라이며, 황조신의 자손인 천황에 절대복종해야 한다고 설파한다. 이러한 고도古道설은 일본어의 탁월함을 주장하는 언어관과도 결부되어 있다. 노리나가가 발견한 일본에 대한 이미지는, 노리나가 사후의 문하생으로 자칭한 히라타로 이어져 막부 말기에서 메이지에 이르는 국수주의의 근거를 제공하였다.

메이지明治 유신

역대 천황의 인덕仁德이 언제나 변함없으신 것은 아뢰기도 황송한 일이나, 도쿠가와 막부 말기의 곤란한 외교에 심히 마음을 어지럽히신 고메이 천황이 누차 관백關白[44] 이하의 조정 신하와 막부에 조칙을 내리시어, 신주神州[일본]에 해가 되는 일을 하지 말고 황조황종의 유업을 더럽히지 않으며, 또한 백성赤子을 도탄에 빠뜨리지 않도록 경계하시며, 특히 중요한 정무를 아뢰게 하여 그에 대한 천황의 판단을 받들게 하셨다. 이 비상시국에 처해 황국의 앞날을 걱정한 제후나 지사 등도, 안으로는 막부 정치를 개혁하여 국방을 충실히 하고, 밖으로는 다른 나라들에게 얕보이지 않을 방책이 확립되기를 바라며 조정을 따르고 조정의 뜻을 받들고자 하여, 공경公卿[45]이나 당상堂上[46]에게 접근하여 주장을 펼치기에 이르렀으므로, 조정의 위광은 점차 신장되었다. 일찍이 양학을 배운 자들 중에는 외국 문화를 섭취하여 국력을 강성하게 하기 위해, 쇄국이 불가함을 역설하는 자도 있었으나, 천하의 형세는 막부의 개조에서 존황양이와 막부타도로 나아가, 개국하여 조정과 막부가 함께 국사를 처리하자公武合體는 의견과 대립하기에 이르러, 내외의 시국은 한층 분규하고 위급한 상

---

44 관백이란 성인이 된 후의 천황을 도와 정무를 담당한 중직으로 천자의 정무에 관關련해서 아뢴다白는 뜻으로 헤이안 시대 중기에 시작되었다. 천황이 유년기에는 섭정을 하고, 성인이 된 후에는 관백이 정치를 행한다. 후지와라 씨가 지위를 독점했고, 도요토미 히데요시가 관백이 된 것은 예외적인 사례이다.
45 메이지 시대 이전에 조정의 높은 직책에 있던 관료들을 말한다.
46 공경이 될 수 있는 가문.

황에 빠졌다. 참으로 내란이 한번 일어나면 외환이 이에 편승하여 따라오는 것은 분명했다. 전 토사번주土佐藩主 야마우치 도요시게山內豊信[1827~1872][47]는 이 정세를 간파하고 메이지 천황이 즉위하신 후 왕정이 복고되어 정령政令이 하나가 되어야 함을 장군 도쿠가와 요시노부德川慶喜[48]에게 건의했다. 요시노부도 일찍이 이것을 고려하고 있었기 때문에 게이오慶應 3년[1867] 10월 14일에 이렇게 상소를 올렸다.

조정의 권력이 하나의 길로 나가지 않으면 국가의 정사는 바로서기 어렵기 때문에 지금까지의 구습은 개선하여 정치의 실권을 조정에 돌려드리고, 널리 천하의 공의公議를 다하여 성단聖斷을 받들고, 마음을 하나로 하고 힘을 모아, 함께 황국皇國을 보호할 수 있다면 반드시 해외 만국과 나란히 설 수 있을 것이옵니다. 신臣 요시노부는 더할 나위 없이 나라를 위해 진력하겠나이다.

요시노부는 천하의 정치를 조정에 돌려드릴 것을 주청하고 메이지 천황은 즉시 이것을 가납嘉納하셨다. 이어서, 같은 해 12월 9일에 왕정복고의 대호령大號令이 내려졌다. 거기에는 이렇게 되어 있다.

왕정복고가 이루어져 국위를 회복할 기반이 갖춰졌으므로, 이제부터는 섭

---

47 도쿠가와 요시노부의 장군 옹립에 진력했고, 공무합체 운동, 대정봉환에서 활약했으며, 메이지 신정부의 관료가 되어 막부 세력의 온존을 꾀했으나 실패로 돌아갔다.
48 도쿠가와 막부 마지막 장군으로 프랑스의 원조를 받아 막부 정치 개혁을 도모했으나, 외세의 압력과 국내의 막부타도 세력에 밀려 만회하지 못하고 대정을 봉환하고 이듬해에 에도성을 비워주었다.

정, 관백, 막부 등을 폐지하고, 우선 임시로 총재, 의정, 참여의 3개 직분을 두고, 천하 제반의 정사를 행하게 되었다. 만사를 진무 천황이 대업을 시작하신 시초에 근거하여 공경公卿과 무사, 조정 신하와 재야와의 구별 없이 모두 마땅한 공의公議를 다하고, 천하와 기쁨과 슬픔을 함께 하는 것이 짐의 뜻이기 때문에, 각자 노력하고 힘써 지금까지의 오만 불손하고 게으른 악습을 씻어내고, 충의를 다해 나라에 보답하는 성심으로 봉공하도록 하라.

왕정복고는 마땅히 진무 천황이 나라를 시작하신 기반에 근거를 두고 천하의 통일을 꾀하고, 천하의 정치가 새로워지는 것을 원칙으로 하여 모든 것이 새로운 대업을 시작하는 정신으로, 여러 방면의 정사를 일신해야 함을 널리 알리셨다. 더욱이 메이지 원년[1868] 3월에는 「5개조의 서문」五箇条の御誓文[49]을 널리 반포하시고, 함께 내려주신 신한宸翰[천황 자필 편지]에서는 이렇게 말씀하셨다.

짐은 이에 제후백관과 널리 모두에게 맹세하건대, 선조대대의 위업을 이어받아 일신의 간난과 신고를 돌아보지 않고 친히 천하를 경영하여, 너희 억조를 편안하게 다스려 결국에는 만리의 파도를 개척하고 국위를 사방에 선포하여 천하를 후지산처럼 넓고 크고 편안히 하고자 한다.

이것을 삼가 읽을 때에, 천황 폐하가 친히 옥체를 힘들게 하시고

---

49 1868년에 메이지 천황이 신에게 선언하는 식으로 공포된 유신정부의 기본자세. 본문은 본서의 자료 「5개조의 서문」(메이지 원년[1868] 3월 14일) 참조.

마음을 어지럽게 하셔서서 간난과 신고에 앞장서심으로써 위로는 선조대대의 신령에 보답하고 밖으로는 만국에 국위를 빛내시고자 하신 깊은 뜻과 강하신 결심을 뵈올 수 있다. 그리하여 이 메이지 유신은 오랜 누습을 깨고 지식을 널리 세계에 구하신 것인데, 그와 더불어 또한 신대로부터의 큰 도리를 선양하시어 우리나라 고래의 정신에 입각해야 하는 것을 근본으로 하신 것이다.

이리하여 번에 속해 있던 영토와 백성을 조정에 돌려드리고, 또 번을 폐지하고 현이 설치되면서 국가의 정치는 완전히 조정에 귀속되고 왕정이 복고되어 유신의 대업은 성취되었다. 국민이 항상 천황을 중심으로 각성하는 모습이 여기에 유감없이 나타나고 있다. 이 위업을 삼가 익찬한 선인의 공로, 지사들의 길이 남을 공적은 깊이 흠앙欽仰해야 함은 물론, 도쿠가와 요시노부가 막부를 원조하겠다는 프랑스 공사의 의사 표시를 단연코 거절하여, 이로써 외국 간섭의 고리를 끊은 예들도 역시 간과할 수 없다.

메이지 22년[1889] 2월 11일 황실전범 및 헌법 제정에 관해 천황이 황조신에게 보고하신 고문告文에서는 이렇게 말씀하셨다.

천황인 짐이 황조황종의 신령께 삼가 아뢰옵니다. 짐은 천양무궁의 원대한 계획에 따라 신대로부터의 황위를 이어받아 황조황종이 남기신 계획을 보존 유지하여 감히 실추시키는 일이 없을 것입니다. 돌아보건대, 세상의 진운에 따르고 인문의 발전에 응하여 능히 황조황종의 유훈을 밝혀 전범과 헌법을 만들고 자세한 항목을 하나하나 밝혀, 안으로는 자손들이 의거할 곳으로 삼고, 밖으로는 신민이 국가의 대업을 보좌할 길을 넓혀 영원히 이것을 수행하게 하여, 더욱 국가의 기반을 공고케 하고 일본 국민의 경복慶福을 증진시켜야 하옵니다. 이에 황실전범과 헌법을 제정하옵니다.

또한 헌법 발포 칙어에서는 이렇게 말씀하셨다.

　짐은 국가의 융창과 신민의 경복을 최고의 기쁨과 영광으로 삼고, 짐이 황조황종께 받은 대권에 의해 현재 및 장래의 신민에 대해 영원히 변치 않을 대전大典을 선포한다.

즉 우리 황실전범과 제국헌법은 황조께서 나라를 시작하신 최초에 일월성신과 같이 빛나는 대의를 시대의 진운에 맞게 소술紹述하시고, 나라의 근본을 영원히 공고케 하신 것이다. 우리 흠정헌법은 "짐의 뒤를 이을 자와 신민 및 신민의 자손으로 하여금 영원히 따르고 행할 바를 알게 한다"고 말씀하신 만고불마萬古不磨의 대법전으로, 건국의 정신이 일관되게 여기에 한층 공고히 보인다.

또한 메이지 23년[1890] 10월 30일에는 「교육에 관한 칙어」를 내리시어 우리나라 교육의 근원이 우리 국체에 연원한다는 것을 명백히 밝히셨다.

이상으로 우리는 우리 국사의 전개가 천황께는 황조황종의 유훈의 소술이고, 신민에게는 사사로움을 버리고 능히 본분을 완수하여 충성으로 황운을 받드는 것에 있음을 확인했다. 그리하여 상하가 하나

가 되는 이러한 큰 정신은 이미 우리나라가 시작됨으로써 명백히 제
시된 것으로, 이 큰 정신이 국사를 관통하고 세세대대로 그 아름다움
을 구현하여 오늘에 이르고 있다. 이에 우리는 「무신조서戊申詔書」[50]에
"찬란히 빛나는 일월성신과 같다"고 말씀하신 국사의 눈부신 성취를
보는 것이다.

2. 국토와 국민생활

국토

우리 국토는 전해 내려오는 이야기에 의하면 이자나기 님과 이자
나미 님 두 신이 낳으신 것으로, 우리와 동포 관계에 있다. 우리가 국
토와 초목을 사랑하는 것은 이러한 동포적 친화의 마음에서 유래하는
것이다. 즉 우리 국민의 국토애愛는 신대로부터의 일체의 관계에 기
반하는 것으로, 국토는 국민과 생명을 같이 하고, 우리나라의 도리로
성장하여 더욱 풍요롭게 만물을 기르고, 함께 천황을 섬기는 것이다.

이렇듯 국토는 국민의 생명을 키우고 국민의 생활을 유지하고 진
전시켜 그 정신을 함양하는 데에 빼놓을 수 없는 것으로, 국토·풍토
와 국민과의 친밀하고 깊은 관계는 우리 국가의 기질을 잘 표현하고
있고, 국사의 도처에서 그 흔적을 볼 수 있다.

---

50 메이지 41년[1908]에 내린 조서로 러일전쟁 후의 개인주의, 사회주의의 성행을 경계
하며 국민에게 근검을 요구하는 등, 천황제 국가의 국민도덕의 방향을 제시했다.

태고의 선조 때부터 전해 내려오는 이야기가 우리나라의 성격을 나타내고 천황 통치의 근본을 명백히 하는 것으로, 그것이 기록되어 『고사기』가 되고, 편찬되어 『일본서기』가 되었다. 이와 함께 『풍토기』[51]의 편찬을 명하신 것은 우리 국체와 국토의 깊은 관계를 나타내는 것이다. 여기에 '고사古事'와 '풍토'의 불가분의 깊은 관계가 드러난다. 우리나라에 전해 내려오는 이야기에는 국토와 국민이 동포라는 것이 있다. 우리 국민은 국토에 친근하고 국토와 하나가 되는 마음이 매우 강하며, 농업에 종사하는 사람들이 계절의 변화에 순응하고 따르는 모습은 이것을 잘 나타내고 있다. 그것은 제사를 중심으로 하는 연중행사를 비롯해, 의식주 생활양식에까지 널리 퍼져 있다.

『만엽집』에서 지토 천황持統天皇이 즉위 직후에 요시노궁으로 순행巡幸하실 때 가키노모토노아소미 히토마로柿本朝臣人麿[52]는 이러한 노래를 지었다.

천하를 통치하시는 우리 천황이 신이신 채로 신으로서 행하시고자, 요시노 강의 소용돌이치는 기슭에 드높은 궁전을 세우시고, 올라가 국토를 보시니 겹겹이 병풍처럼 둘러싸인 산에서는 산신이 천황께 바치는 공물로, 궁정관인들

---

51 나라 시대의 지지地誌로, 713년의 조칙으로 각 지방의 산물, 지형, 고사나 지명의 유래 등을 기록하여 찬진시킨 것이다.

52 『만엽집』 제일의 가인으로 장가와 단가 등 80여 편을 남겼다. 작가 연대가 확실한 와카를 참조하면 지토 천황에서 몬무 천황 시대에 걸쳐 특히 궁정을 중심으로 한 공적인 의례에 천황 찬가 및 황족에 관련한 장중한 장가를 남겼다. 이 점은 근대 이후 천황제를 정당화하는 전통으로 강조되었다.

이 봄에는 머리에 꽃을 드리우고, 가을에는 물든 단풍잎을 머리에 꽂네. 궁전을 휘감고 흐르는 강의 신도 천황의 식사에 바치려고 상류에서는 가마우지를 잡고 하류에는 작은 그물을 친다. 산도 강도 모두 이렇듯 받드는 신으로서의 천황의 시대여[『만엽집』 권1, 38번].

　반가

　산도 강도 하나가 되어 받드는 살아계신 신은 신으로서 소용돌이치는 요시노강에 배를 띄우시네(39번).

이 노래를 읽는 자는 우리 국민의 국토와 자연을 바라보는 마음을 알 수 있을 것이다. 즉 국민도 국토도 하나가 되어 천황을 받드는 것이다. 국민이 이러한 마음을 가지고 국토와 자연에 친숙해져 그 안에서 생활하고, 또한 그로 인해 산업을 영위하는 것이다. 이것은 원래 신대에 천신이 우리와 국토를 동포로서 낳으신 것에서 시작되는 것이다.

국민생활

근본을 하나로 하는 친화와 합체의 마음은, 우리 국민생활에 항상 일관되게 흐르고 있다. 이 정신이 있으므로 국민생활은 어떠한 경우에도 대립적이지 않고, 일체적인 것으로 나타난다.

우리나라에서는 정치와 사회 제도의 변천에도 불구하고, 어느 시대든 항상 이 마음이 나타난다. 옛날에는 씨족이 국민생활의 기본을 이루고 경제생활의 단위였으며, 그것은 천황 아래 동일 혈족, 동일 정신의 단체를 이루었던 것이다. 즉, 각자는 씨로 통합되고 많은 씨족 공동체 구성원 위에 대표자氏上가 있고, 여기에 가키베部曲[53]의 백성이 더해져 씨와 부部로서의 분업과 분장分掌이 있어서, 직업에 따라서 모든 사람과 물건이 서로 의지하고 도와 천황을 중심으로 국가를 이루었다. 그리하여 각각의 씨족 내에서는 씨족의 수령이 씨신氏神을 모시고 씨족 구성원도 또한 수령과 일체가 되어 동일한 조상을 모시는 것이다. 그리고 이 제사를 통해 씨족의 수령과 구성원은 완전한 일체가 되어 조상에 귀일歸一한다. 거기에 씨로서의 정사政事도 있고 교화도 있고 직업도 있다. 이렇게 일체가 된 것을 수령이 이끌고 조정에 봉사했다.

이와 같은 친근한 결합관계는 국사를 통해 항상 존속했다. 이것은 자아를 주장하는 주아적인 근대 서양사회의 결합관계와는 완전히 다른 것이고, 나라의 시초부터 연면히 이어지는 일체적 정신과 사실에 기초하는 것으로, 우리 국민생활은 그것이 명백히 나타난 것이다. 거기에는 일가一家, 일향一鄉, 일국一國을 통해 반드시 융화일체의 마음이 관통하고 있다. 즉 천황 아래 인간과 인간, 인간과 사물이 일체가 되는 곳에 우리 국민생활의 특질이 있다. 이것이 의義는 군신君臣이고 정情은 부자父子라는, 일국이 곧 일가라는 도리가 존재하는 까닭이고,

---

53 다이카 개신 이전의 호족의 사유민.

군주와 백성이 일체가 되고 부모와 자식이 서로 화합하여 아름다운 정서가 가정생활과 국가생활에 흐르고 있는 까닭이다.

직업

씨족에서 직업의 분장分掌은 이윽고 가업 존중의 정신을 낳았으며, 가업의 존중은 가문의 이름을 존중하는 것이 된다. 우리나라 고대의 이름은 개인의 성과 이름을 의미하는 것이 아니라, 성씨가 가리키는 직업이 이름이다. 여기에 우리 국민의 직업을 존중하고 가문의 이름을 존중하는 정신을 엿볼 수 있다. 그리고 직업의 존중은 센묘宣命[54]를 비롯하여 많은 사실史實에서 볼 수 있다. 덴무 천황이 제정하신 관위의 명칭에도 근무추진勤務追進이라는 글자가 쓰였다.[55] 이 근무 존중의 정신은 생산, 창조, 발전을 맺는 마음으로, 우리나라 산업의 근본정신이다. 이 정신은 고래로 농사에서 가장 잘 배양되었다.

도요아시하라노미즈호국[일본]이라는 우리 국명은 나라의 시초에 국민생활의 기본인 농사가 존중된 것을 나타내는 것으로, 연중 항례의 제사에 농사에 관한 것이 많은 것도 이 정신의 발현이다. 아마테라스 대신을 모시고 제사하는 내궁內宮과 함께 외궁外宮에 도요우케 대신豐受大神[56]을 모시고 제사하고, 위로는 삼가 황실을 비롯하여 국

---

54 천황의 명령을 전하는 문서의 한 형식으로 조칙 중에 특히 일본어적 요소가 강한 문체[센묘체]로 쓰인 것을 가리킨다.

55 덴무 천황 14년[685]에 기존의 관위 26계를 개정하여 '관위 48계'가 제정되었다. 관위의 명칭 앞에 명, 정, 정, 직, 근, 무, 추, 진을 붙였다.

56 이자나미의 손녀로 오곡을 관장하는 여신이다.

민이 두터운 숭경의 마음을 바쳐 온 것에도 깊이 생각이 미쳐야 할 것이다.

국민의 직업이 농업 이외에 상업이나 공업 등 다양한 방면으로 나뉘어 발전하고 있는 오늘날, 농업을 존중하신 것과 같으신 마음은, 이 모든 산업에서 엿볼 수 있다. 쇼켄 황태후昭憲皇太后[1850~1914, 메이지 천황의 황후]는 어가御歌에서 이렇게 읊으시며 상업을 중시해야 함을 나타내셨다.

태양 아래의 나라로 번성하게 하려고 상인들이 경쟁하는 마음이야말로 보배로구나.

우리는 이 정신을 잘 받들어 시대가 발전해 감에 따라 각자 그 직업에 힘쓰지 않으면 안 된다.

3. 국민성

국토와 국민성

야마가 소코는 그의 저서 『중조사실中朝事實』에서 "중국中國[나카쓰쿠니, 일본]의 물과 흙은 만방에 빼어나고 인물은 온 우주에 청수淸秀하다"고 언급했는데, 진정으로 우리나라의 풍토는 온화한 기후, 수려한 산천이 풍부하고, 봄꽃과 가을 단풍 등 사계절의 변화가 뚜렷하여, 오야시마국大八洲國[일본]은 당초부터 일본인에게 쾌적한 생활지대로, 평안한 나라라는 뜻인 '우라야스국浦安の國'이라 불렸다. 그러나 때때로 일어나는 자연재해는 국민생활을 위협하는 등의 맹위를 떨치는 일도 있는데, 그로 인해 국민이 자연을 두려워하고 자연 앞에 위압당하는 일은 없다. 재해는 오히려 불요불굴不撓不屈의 마음을 단련하는 기회가 되고 갱생의 힘을 불러일으켜, 국토와 한층 친밀감이 더해지고 더욱 일체감이 강해진다. 서양 신화에서 볼 수 있는 자연과의 투쟁은 우리나라에 전해지는 이야기에서는 볼 수 없으며, 이 국토는 일본인에게는 진정으로 생활의 낙원이다. '야마토'를 한자로 '大和'라고 쓴 것도 단순한 우연이 아니다.

라이 산요의 작품으로 인구에 회자되었던 이마요今樣[57]에 이런 노래가 있다.

꽃에서부터 밝아오네, 요시노의 봄날 새벽녘을 바라보면
중국인도 고려인도 야마토 마음大和心이 되겠구나.

이 노래는 아름다운 우리 풍토가 야마토 마음을 키우고 있다는 것을 나타낸다. 또 모토오리 노리나가가 '시키시마의 야마토 마음敷島の大和心'을 노래하며 '아침 해에 풍기는 산벚꽃'이라고 말한 것을 보아도 얼마나 일본적 정조가 일본의 풍토와 맺어져 있는가를 알 수 있을

---

57 이마요우타今樣歌를 말하며, 헤이안 시대 중기부터 가마쿠라 시대에 걸쳐 예능인들이나 귀족들 사이에서 유행한 새로운 가요이다.

것이다. 나아가 후지타 도고는 정기가正氣歌에서 이렇게 읊었다.

> 천지에 공명정대한 기운이 순연히 신국에 모이네.
>
> 빼어나면 후지산이 되어 천추千秋에 높이 솟고
>
> 흘러들면 큰 바다의 물이 되어 드넓게 야시마八州[일본]를 감싸네.
>
> 피기만 하면 흐드러지게 만개한 벚꽃이 되어 어떤 꽃도 그 아름다움에
>
> 비기지 못하네.

이것은 우리의 국토초목이 우리 정신과 그 아름다움을 경쟁하듯 뽐내는 모습을 읊고 있다.

청명심

이와 같은 국토와 이미 언급한 것처럼 군민君民이 화합하는 가족적 국가생활이 서로 맞물려 밝고 깨끗하고 바르고 곧은 국민성을 낳았다. 즉 몬무 천황 즉위식의 센묘 등에는 이렇게 반복되어 있다.

> 밝고 깨끗하고 곧은 진실된 마음.
>
> 깨끗하고 밝고 바르고 곧은 마음.

이것은 이미 신도의 계불禊祓 정신으로 전해져 오는 이야기에서도 엿볼 수 있다. 덴무 천황 14년에 제정하신 관직의 명칭에는 근무추진 勤務追進 위에 명정정직明淨正直의 글자를 제시하시고 있어, 이러한 국

민성이 얼마나 존중되었나를 알 수 있다. 명정정직은 정신의 가장 순수하고 힘세고 바른 모습으로, 이른바 참된 마음眞心이고 진심마코토이다. 이 진심의 외부적 표현으로서의 행위와 태도가 근무추진이다. 즉 이 관위의 명칭은 밝고 맑은 국민성의 표현이고, 또한 국민의 생활태도이기도 했다. 그리하여 진심을 본질로 하는 명정정직의 마음은 단순한 정조적인 방면에 머무르지 않으며, 메이지 천황이 친히 지으신 시가에서 이렇게 말씀하신 것처럼 의용봉공義勇奉公의 정신으로 발현한다.

> 우리나라의 용맹한 야마토 마음은 유사시에 잘 드러났네.

『만엽집』에는 "바다에 가면 물에 잠긴 시체, 산에 가면 풀이 난 시체, 천황의 곁에서 죽을지언정 결코 뒤돌아보지는 않으리"라고 노래하고, 몽고가 쳐들어 온 후부터는 신국神國 사상이 현저한 발전을 이루어 야마토 혼大和魂으로 자각되었다. 참으로 야마토 혼은 "황위의 영명永命을 기원하고, 황거가 편안히 안정되도록 수호"해 왔으며, 최근에는 일청·일러 전쟁에서 힘차게 각성되고 또 구현되었다.

밝고 깨끗한 마음은 자기중심적이고 이기적인 마음을 버리고 본원에 살고 도리에 사는 마음이다. 즉 군민이 일체가 되어 나라를 시작하신 이래의 도리에 사는 마음이다. 여기에 모든 사심私心의 더러움은 사라지고 밝고 바른 마음이 생긴다. 나를 잊고 본원에 사는 정신은 마침내 의용봉공의 마음으로 표현되고, 몸을 희생하여 나라에 보답하는 마음으로 나타난다. 이에 반해, 자기에게 집착하고 자신을 위해서만 일을 도모하는 마음은, 우리나라에서는 예로부터 더러운 마음이라 하여 이것을 씻어내고 없애려고 노력해 왔다. 우리나라의 불祓은 이러한 더러운 마음을 털어 버리고 깨끗하고 밝고 곧은 본원의 마음으로 돌아가는 행사이다. 그것은 신대 이후 국민들 사이에 널리 행해져 온 행사로서 대불大祓[58]의 축문에는 이렇게 되어 있다.

　　이와 같이 신들이 확실히 들으신다면 황손의 조정을 비롯해 천하 사방의 나라에는 죄란 죄는 모두 사라지리라. 그 죄가 사라지는 모습은 마치 바람이 일어나는 근원의 문에서 불어오는 바람이 하늘에 층층이 피어오른 구름을 흩뜨리는 것처럼, 또한 아침에 자욱한 안개, 저녁에 자욱한 안개를 아침 바람과 저녁 바람이 날려 버리는 것처럼, 또한 큰 항구 한 켠에 정박한 큰 배를 선수의 밧줄을 풀고 선미의 밧줄을 풀어 큰 바다를 향해 밀어내는 것처럼, 또한 멀리 건너편의 무성한 나무뿌리를 잘 달궈진 예리한 낫으로 싹둑 베어 버리듯이, 모든 죄는 사라지고 끝에 남는 죄는 없어지리라.

　　이렇게 모든 죄를 없애고자 오늘 조정에서 대불 의식을 거행하여 깨끗이 씻어내는 죄를, 높은 산이나 낮은 산 정상에서 기세 좋게 낙하하여 소용돌이쳐 흐르는 급류에 계시는 세오리쓰히메瀨織津比咩라는 신이 큰 바다로 가지고 가시리라.

58　6월과 12월 그믐에 친왕 이하의 백관을 황궁 앞에 모아 만민의 죄와 부정을 씻어낸 행사로, 나라 시대 율령제에서는 국가적 행사로 되어 있었다. 임시로 대상제 전후, 재해, 역병 유행시에도 행해졌으나 중세 이후 중단되었다.

이렇게 가지고 가시면 급류 많은 수로가 한 곳에 모여 소용돌이치는 곳에 계시는 하야아키쓰히메速開都比咩라는 신이 꿀꺽꿀꺽 삼켜 버리리라. 이렇게 꿀꺽꿀꺽 삼켜 버리면, 숨을 내쉬는 문에 계시는 이부키도누시氣吹戶主라는 신이 그것을 지하의 암흑세계로 숨을 불어서 날려 보내리라. 이렇게 숨을 불어 날려 보내면 지하의 암흑세계에 계시는 하야사스라히메速佐須良比咩라는 신이 그것을 가지고 어디랄 것도 없이 헤매다가 결국에 완전히 없애 버리리라.

이렇게 죄를 없애 버리면 천황의 조정을 받드는 관청의 관인들을 비롯하여 천하 사방에는 오늘부터 죄란 죄는 모두 사라지리라.

이것은 우리나라 계불의 청명하고 웅대한 정신을 나타낸 것이다. 국민은 항상 이 계불에 의해 깨끗하고 밝고 곧은 마음을 유지하고 떨쳐온 것이다.

사람이 자기를 중심으로 하는 경우에는 몰아헌신沒我獻身의 마음은 잃게 된다. 개인 본위의 세계에서는 자연스럽게 자아를 주인으로 하여 타인을 종속시키고 이익을 우선시하여 봉사를 뒤로 돌리는 마음이 생긴다. 서양 각국의 국민성과 국가생활을 형성하는 근본 사상인 개인주의나 자유주의 등과 우리나라의 그것과의 차이는 바로 여기에 있다. 우리나라는 나라를 시작하신 이래로 깨끗하고 밝고 곧은 마음을 근본으로 하여 발전해 왔기에 우리 국어나 풍속, 습관 등도 모두 여기에서 그 본원을 찾을 수 있다.

몰아동화 没我同化

우리 국민성에는 이 몰아와 무사無私의 정신과 함께, 포용과 동화의 정신과 그 역할이 힘차게 나타난다. 대륙문화의 수입에 임해서도 자기를 비우고 지나[중국] 고전의 문장을 사용하여 그 사상을 받아들이는 사이에 자연스럽게 우리 정신이 이것을 통일하고 동화하고 있다. 이러한 이질적인 문화를 수입하면서도 능히 우리나라만의 독특한 문화를 낳기에 이른 것은, 전적으로 우리나라의 특수하고 위대한 힘이다. 이것은 현대 서양문화의 섭취에 대해서도 깊이 감안하여 판단하지 않으면 안 된다.

무릇 몰아의 정신은 단순한 자기 부정이 아니고, 작은 자기를 부정함으로써 커다란 참된 자기를 살리는 것이다. 원래 개인은 국가로부터 독립된 것이 아니고, 국가의 일부분으로서 각각 분담하는 바를 가지는 개인이다. 일부분이기 때문에 항상 국가에 귀일하는 것을 그 본질로 삼으며, 여기에 몰아의 마음이 생긴다. 그리고 이와 동시에 국가의 일부분이기 때문에 그 특성을 중시하고 특성을 통해서 국가에 봉사한다. 이 특질이 몰아의 정신과 합해져 남을 동화시키는 힘을 낳는다. 몰아와 헌신이라는 것도 외국에서처럼, 국가와 개인을 상대적으로 보고 국가에 대해 개인을 부정하는 것이 아니다. 또한 포용과 동화는 남의 특질을 빼앗고 그 개성을 없애는 것이 아니고, 능히 그 단점을 버리고 장점을 살려서 특성을 특성으로서 받아들여 나를 풍부하게 하는 것이다. 여기에 우리나라의 원대한 힘과 우리 사상과 문화의 깊이와 넓이를 발견할 수 있다.

국어

몰아귀일没我歸一 정신은 국어에도 잘 나타나 있다. 국어는 종종 주어가 표면에 나타나지 않고 경어가 잘 발달되어 있는 특색을 갖고 있다. 이것은 사물을 상대적으로 보지 않고, 몰아적이고 전체적으로 사고하기 때문이다. 그리고 외국에서는, 지나와 서양을 불문하고 경어로 볼 만한 것이 적은데, 우리나라에서 경어는 특히 예로부터 조직적으로 발달하여 능히 공경의 정신을 잘 나타내고 있어서, 경어가 발달함에 따라 주어를 표시하지 않는 경우도 많아졌다. 이 공경의 정신은 원래 황실을 중심으로 지존에 대해 받들고 자기를 비우는 마음이다. 공적인 장면에서 사私라는 말로 나[와타쿠시]를 자칭하고, 예로부터 사용되는 '타마후たまふ', 또는 '하베루はべる', '사부라후さぶらふ'[59] 등의 동사를 숭경과 경양敬讓의 조동사로 전용轉用하는 것이 그 예이다. 그리고 이 '사부라후さぶらふ', '사무라후さむらふ'라는 글자에서 무사를 의미하는 '사무라이侍'가 나온 것이고, 서간문에서 소로 문候文[60]이 발달하게 되었다. 오늘날 사용되는 '고자이마스御座います[있습니다, 입니다]' 같은 것도 마찬가지로 고귀한 자리라는 의미의 '고자아루御座ある'와, '계시다', '이시다'라는 의미의 '이마스います'에서 온 '마스ます[~합니다]'로 구성된

---

59 '타마후'는 (손아래 사람에게) 주시다라는 동사인데, 조동사로 손위 사람의 행위에 대한 경의를 나타내는 ~해 주시다, ~하시다의 의미로 사용되었다. 한편 '하베루'는 (신불, 천황, 귀인의 옆에서 경의를 품고) 받들어모시다라는 동사인데, 조동사로 상대에 대해 겸양하는 기분을 나타내는 ~합니다의 의미로 사용되었다. '사부라후'도 (신분이 높은 사람의) 신변을 지키다. 옆에서 모시다라는 동사인데, 조동사로 정중한 뜻을 담은 ~합니다의 의미로 사용되었다.

60 정중어를 만드는 조동사 '소로候'를 사용해서 쓴 문장. 중세 이후 서간이나 공문서 등에 다용되었다.

말이다.

풍속과 습관

다음으로 풍속과 습관에서도 우리 국민성의 특색인 경신敬神, 존황, 몰아, 조화和 등의 정신을 볼 수 있다. 평소의 식사도 '밥을 받들다御飯を戴く'라고 하여, 햇곡을 신에게 바치고 먼저 선조의 영전에 공양한 후 한 가족이 이것을 축복하는 것은, 음식은 신으로부터 하사받은 것으로 그것을 받드는 마음을 나타낸다. 신년 행사에서 가도마쓰門松[61]를 세우고 약수若水[정화수]를 사용하고, 조니雜煮[일본식 떡국]를 먹고 설날을 축하하는 것에도, 먼 선조 때부터의 전통 생활이 남아 있다. 축사를 하며 나이 먹는 것을 축하하는 것은 옛날에는 씨족의 대표자氏上가 천황의 나이 드심을 축하하는 요고토壽詞[천황의 장수와 성대를 비는 말]의 정신에서 이어져 내려온 것으로 만세萬歲라는 칭호 같은 것도 역시 동일한 의미의 축사이다.

촌락신鎭守뿐만 아니라 씨족신氏神이라는 것은, 대체로 우부스나 신産土神[출생지의 수호신]으로 생각해도 되는데, 지방적인 단체생활의 중심이 되어 오늘에 이르고 있다. 오늘날의 히간에彼岸會[62]나 우라본에盂蘭盆會[63] 행사는 불교 신앙과 민속 신앙이 합해진 것으로 생각되고, 촌

---

61 설날에 오곡신을 집집마다 맞이하기 위해 문 앞에 세우는 소나무 장식으로 중세 이후 대나무를 함께 세우는 경우가 많다.

62 히간彼岸이라고도 한다. 추선공양 의례 등을 주체로 한 불교 행사의 하나로 춘분과 추분 전후 1주일간 행하는 법회이다. 인도나 중국에는 없고 일본에만 있는 불교 행사로 승려는 법요의식을 행하고 제가 신자들은 절을 참배하고 성묘를 한다.

락신의 신사나 절의 경내에서 행해지는 본오도리盆踊[64]를 보아도, 농촌 오락 사이에 이 두 계통의 신앙이 하나로 융합 통일된 것을 볼 수 있다. 농사에 관해서는 풍년을 축하하는 마음, 화합하여 함께 번영하는 정신, 조상숭배의 발현 등을 엿볼 수 있고, 동시에 우리 무용에 많은 윤무輪踊 형식에도 중심을 향해 통일되는 몰아적인 특색이 나타나, 서양의 민족무용에 많은 남녀대칭 형식과 대립하고 있다. 아이가 태어났을 때, 갓난아이와 함께 신사를 참배하는 오미야마이리宮參의 풍습이 널리 행해지는데, 여기에는 씨족신에 대한 예로부터의 심성이 잘 나타나 있다.

　연중행사에는 절기 등이 있어서, 자연과의 관계, 외래문화의 융합 조화 등을 볼 수 있는데, 나아가 유직고실有職故實, 즉 조정이나 무가武家의 전례나 예절에서는, 그 형태의 저변에 솟아나는 전통 정신을 간과할 수는 없다. 연중행사에는 이미 예시한 것처럼 씨족 생활의 모습이 남아있는 것도 있는가 하면, 궁정 생활에서 생겨난 것도 있고, 또 무가 시대에 의식으로 정해진 것도 있다. 이 모든 것의 밑바탕에는 우리 전통의 정신이 빛나고 있다. 히나마쓰리雛祭[65] 등은 처음에는 계불의 행사를 주체로 하여 헤이안 시대의 귀족생활로 들어가 하나 인형 놀이가 되고, 오락과 생활예절을 합친 의식적인 행사가 되었다.

63　오봉お盆. 조상신을 집으로 맞이하여 공양하는 행사로 일반적으로 7월 13일에서 15일 사이에 행해지는데 지방에 따라서 8월 13일에서 15일에 행하는 곳도 있다. 현재는 일반적으로 8월에 행해진다.

64　오봉 전후로 남녀노소가 많이 모여 추는 춤.

65　제1장의 각주 55 참조.

나아가 그것이 에도 시대에는 다이리비나內裏雛[천황과 황후 남녀 한 쌍의 인형]를 장식해서 황실 숭경의 마음을 표현하게 되었다.

4. 제사와 도덕

제사

메이지 천황은 친히 이렇게 읊으셨다.

> 신풍神風의 이세 신궁에 관한 것을 우선 올해도 모든 일에 앞서서 듣네.

이 시가는 우리 정사의 개시 의식을 표현하신 것으로, 이 의식에는 총리대신이 먼저 지난 한해 이세 신궁의 제사가 차질 없이 바쳐진 것을 천황에게 주상한다. 여기에 우리나라 정치의 가장 중요한 일로서 제사를 집행하는 크신 마음을 뵈올 수 있다.『대일본사』의 신기지神祇 志에는 이렇게 기록되어 있다.

> 무릇 제사는 정교의 근본인 바. 신을 경외하고 선조를 존경하는 효경의 도 리가 천하에 미친다. 모든 제도도 역시 제사에 의해 바로 선다.

이것은 제사와 정치와 교육이 근원에서 일치하는 우리나라의 특 색을 잘 나타내고 있다. 우리나라는 살아계신 신이신 천황이 통치하시는 신국이다. 천황은 신을 받들어 모심으로써 천신과 일체를 이루고, 더욱이 살아계신 신으로서의 덕을 밝히시는 것이다. 그래서 천황은 특히 제사를 중시하시어 현소賢所, 황령전皇靈殿, 신전神殿 등의 궁중 3전의 제사를 친히 집행하시는 것이다. 메이지 2년[1869] 신기궁神祇宮 안에 신전을 세우시어 천신지기와 역대 천황의 영령을 제사하시고, 메이지 3년[1870]에 천황은 진제鎭祭의 조칙을 반포하시어 이렇게 말씀하셨다.

　　짐이 삼가 생각건대, 황조는 나라를 다스리는 대업을 이루시고 신을 받들어 모시어, 창생을 사랑하고 어여삐 여기셨다. 제정일치의 유래는 오래되었다. 나는 의지할 곳 없고 연약한 몸으로 일찍 황위를 물려받아 밤낮으로 두렵고 걱정되어 이 천직에 임하는 것이 있을 수 없는 일은 아닐까 두려워한다. 그래서 지금 천신지기 팔신八神과 역대 천황의 영을 신기궁에 제사하여 효경의 뜻을 아뢴다. 바라건대 천하 만민은 삼가 이에 따르기를 바란다.

신민은 이 크신 마음을 받들고, 동시에 제사로서 우리나라가 시작된 정신을 받들어 나를 버리고 천황의 안태를 빌며, 또한 국가에 보답하는 정신을 갈고 닦는 것이다. 이와 같이 천황이 신을 받들어 모시는 것과 신민의 경신敬神은 모두 그 근원이 같아서, 천황은 제사에 의해 군주로서의 덕을 더욱 돈독히 하시고, 신민은 경신에 의해 그 본분을 다할 각오를 더욱 굳힌다.

우리나라의 신사는 예로부터 제사의 정신과 그 의식의 중심이 되

어 왔다. 신사는 신대로부터 내려오는 변치 않는 도리의 표현으로 신을 받들어 모시고 보본반시의 진심マコト을 다하는 곳이다. 신성한 거울에 관한 신칙神勅은 이세 신궁 및 현소를 받들어 모시는 유래의 근본이고, 신사 존립의 근본 의의는 『일본서기』의 황손강림 부분에 천상의 히모로기神籬 및 천상의 이와사카磐境[66]에 관한 신칙에 있다. 즉 다카미무스비 신이 아메노코야네 님天兒屋命과 후토타마 님太玉命에게 이렇게 말씀하신 마음을 받들어 따르는 것이다.

　　나는 천상의 히모로기와 천상의 이와사카를 세워 나의 황손을 받들어 모시리라. 그대 아메노코야네 님과 후토타마 님은 이 히모로기를 경건한 마음으로 아시하라 중국[일본]으로 가서 역시 나의 황손을 위하여 설치하고 받들어 모실지라.

　신사에 모시는 신은 황조황종을 비롯해, 씨족의 조상신 이하, 황운을 보필하는 대업에 봉사한 신령들이다. 이 신사의 제사는 우리 국민의 생명을 배양하고, 그 정신의 근본이 되는 것이다. 씨족신의 제사에 보본반시 정신의 발로가 있고, 이를 기반으로 단란한 씨족 구성원氏子들이 있고, 또한 신주를 모시는 가마의 행차를 받드는 촌락신의 제례에서 씨족 구성원의 화합과 마을마다의 평화가 있다. 이렇게 신사는 국민의 향토생활의 중심이 된다. 더욱이 국가의 축제일에는 국

66　'히모로기'는 신내리는 신성한 장소에 세워진 상록수 나무로 신이 내리는 곳이다. '이와사카'는 신을 모시고 제사지내는 제단을 가리킨다.

민은 히노마루 국기를 게양하여 국민적 경건함을 하나로 한다. 그리고 모든 신사 봉재奉齋는 궁극적으로 천황이 황조황종을 섬기시는 곳에 귀일하는 것으로 여기에 우리나라 경신의 근본이 존재한다.

제사는 부정穢을 씻어내고祓 신을 섬기며 진심을 다하여 신위를 숭상하고, 신의 은혜에 감사하고 기원을 드리는 것이다. 신을 향한 마음은 우리나라에서는 부모 자식과의 관계와 같은 가장 근본적인 곳에서 나온다. 즉 죄와 부정을 씻고 조상인 부모에게 다가가는 것이고, 또한 사私를 버리고 공公에 합치되고, 나 개인을 버리고 국가와 하나가 되는 것에 있다.

그리고 그 부정을 씻은 경건한 마음에서 자연스럽게 우러나는 것이 사이교 법사西行法師[1118~1190][67]의 이 노래이다.

누가 계신지 모르겠지만 그저 황송한 마음에 눈물이 흐르나이다.

신사는 국가적인 존재라는 것이 근본 의의이므로, 다이호령의 신기관 이래로 국가의 제도와 시설로 존재해 왔으며, 현재 13개 유파의 신도는 그 밖의 불교나 그리스도교 등의 일반 종교와는 그 취급을 달리한다.

메이지 천황은 친히 이렇게 읊으셨다.

---

67 헤이안 시대 후기의 승려이자 가인으로, 도바 천황의 궁전 북쪽 경호를 담당했던 무사였으나 젊어서 출가하여 전국을 행각하며 시가를 읊었다.

이세伊勢의 대신大神이시여, 부디 영원히 백성이 평안하도록 비는 이 세상을
지켜주소서.

하후리베 유키우지祝部行氏도 이렇게 읊었다.

신사에 태평성대를 비는 마음, 천황을 받들어 모시는 진심이었네.

이렇게 황대신궁皇大神宮은 우리나라 신사의 중심이시고, 모든 신사
는 국가적 존재로서 국민의 정신생활의 중심축이 되었다.

우리나라 제사의 본래 취지는 이상과 같은 것인데, 이것을 서양의
신에 대한 신앙과 비교하면, 그 사이에는 커다란 차이가 있다. 서양
의 신화와 전설에도 많은 신들이 등장하지만, 그것은 나라의 시작과
연결되는 국가적인 신이 아니고, 국민과 국토를 낳고 기른 부모로서
의 신도 아니다. 우리나라의 신에 대한 숭경은 나라를 시작하신 정신
에 바탕을 둔 국민적 신앙으로 서양의 신앙처럼 하늘이나, 천국, 피
안, 이념과 같은 인간 세계에서 초월한 신의 신앙이 아니고, 역사적
국민생활에서 나온 섬김의 마음이다. 따라서 우리나라의 제사는 지
극히 깊고 넓은 의의를 가지는 한편, 완전히 국가적이고 현실생활적
이다.

도덕

이상과 같이 경신숭조의 정신이 우리 국민도덕의 기초가 되어 우

리 문화의 각 방면에 퍼졌고, 외래의 유교나 불교 등을 포용, 동화시켜 일본적인 창조를 이룩했다. 우리의 국민도덕은 경신숭조를 기본으로 하여 충효의 대의를 전개하고 있다. 나라를 집으로 삼아 충은 효가 되며, 집을 나라로 삼아 효는 충이 된다. 여기에 충효는 하나가 되고 모든 선의 근본이 된다.

충은 밝고 맑고 바르고 곧은 진심의 근본으로서 자신의 임무에 최선을 다하고 본분을 완수하여 천황을 섬기는 것이며, 이 충을 바탕으로 부모에 대한 효가 성립한다. 그것은 우리 국민이 선조 이래로 행해오고 고금을 통해 거스르는 일 없이 신대로부터 이어 온 큰 도리이다. 「교육에 관한 칙어」에서는 국민도덕의 근본을 이렇게 가르치셨다.

짐이 생각건대 우리 황조황종이 나라를 시작하신 것은 넓고 멀며 그 덕은 깊고 두텁다. 우리 신민이 능히 충과 효로 억조만민이 마음을 하나로 하여 대대로 훌륭히 행한 것은 우리 국체의 정화이며, 교육의 연원 또한 실로 여기에 있다.

또한 이렇게도 말씀하셨다.

이러한 도는 실로 우리 황조황종의 유훈이며, 그 자손인 천황과 신민이 함께 준수해야 할 것이다. 이는 고금을 통해 틀리지 않으며 이를 국내외에 펼쳐 도리에 어긋나는 바가 없다. 짐은 너희들 신민과 더불어 이를 항상 명심하고 지켜 모두 한결같이 덕을 닦기를 바라는 바이다.

우리나라에서 밝고 맑고 바르고 곧은 진심이 중요시된 것은, 예로부터 전해 내려오는 이야기 속에 보이고 센묘에도 나타나 관직명이 된 것에서도 명백히 알 수 있다. 『보기본기寶基本紀』[68] 등에 "명가冥加는 정직함으로써 본을 이룬다"고 하고, 또 『야마토히메 님 세기倭姬命世記』[69]에는 이렇게 기록되어 있다.

> 나쁜 마음을 없애고 충심으로써 깨끗하고 순결하게 몸을 단정히 하여 왼쪽의 물건을 오른쪽으로, 오른쪽 물건을 왼쪽으로 옮기지 않고, 왼쪽을 왼쪽으로 오른쪽은 오른쪽으로 하여, 왼쪽으로 가서 오른쪽으로 도는 일도, 만사 다르지 않으니, (아마테라스)대신을 받들어라. 처음을 처음으로 하고 근본을 근본으로 하는 까닭이다.

이것은 명정정직의 정신을 명백히 하는 것으로, 좌우가 뒤섞이지 않고, 우를 우로 좌를 좌로 하여 각각 그 직위를 바르게 하고, 직분을 분명히 하여 조금의 틀림도 없이 일체의 왜곡을 허락지 않고, 간악奸惡과 사곡邪曲을 허용치 않는 마음이다. 그리고 이 조금도 틀림이 없는 정직함과, 그 정직함이 작용함으로써 비로소 처음을 처음이라 할

---

68 부처가 중생 구제를 위해 신의 모습으로 나타났다는 종래의 본지수적설本地垂迹說을 부정하고, 신을 주로 하고 부처를 종으로 하는 이세 신도伊勢神道가 가마쿠라 시대 후기에 창도되었다. 그 근본 교전인 신도 5부서五部書 중의 하나로, 정식 서명은 『造伊勢二所太神宮寶基本紀』이다. 『야마토히메 님 세기』도 그중 하나이다.
69 신도 5부서 중 하나로 13세기 후반에 이세 신궁의 신관이 편찬한 것으로 보인다. 야마토히메는 스이닌 천황의 황녀로 아마테라스 대신의 신사를 이세에 건립한 것으로 전해진다.

수가 있다. 기타바타케 지카후사의 『신황정통기』는 이 정신을 이어받아 정직을 강조하고, 그 저서로 여겨지는 『원원집元元集』이라는 서명은 이 문장을 직접적인 전거로 하고 있다고 여겨진다. 국민도덕으로서 특히 마음에 새겨야 하는 것은 좌를 좌로 하고 우를 우로 하여 각각을 마땅한 사정과 상태, 바른 모습으로 존재케 함으로써 처음을 처음으로 하고 근본을 근본으로 하는 것이다.

무사도

우리 국민도덕에서 현저한 특색을 나타내는 것으로 무사도를 들 수 있다. 무사 사회에는 오랜 씨족에서 보이는 우리나라 특유의 전체적인 조직 및 정신이 잘 계승되고 있다. 그런 고로 주로 유교나 불교에서 배워 마침내는 그것을 뛰어넘기에 이르렀다. 즉, 주종主從 간에는 은혜와 의리로 결합되어 있으면서 그것이 은의를 넘어 몰아沒我의 정신이 되고, 죽음을 보기를 마치 집으로 돌아가는 것처럼 여겨 죽음을 두려워하지 않기에 이르렀다. 그것은 죽음을 가벼이 여겼다기보다는 죽음의 의미를 깊이 깨닫고, 진정한 의미에서 죽음을 신중히 여겼다. 즉, 죽음에 의해 참된 생명을 완수하고자 했다. 한 개인에 집착하고 개인을 앞세워 전체를 잃는 것보다는, 전체를 통해 전체를 살리기 위해 자기 개인을 죽이는 것이다. 삶과 죽음은 그 근본이 하나이며, 생사를 초월하여 하나의 진심마코토이 존재한다. 삶도 죽음도 이 진심에 의한다. 그런데 삶과 죽음을 대립시켜 죽음을 꺼리고 삶을 추구하는 것은 사사로움에 집착하는 것으로 무사의 수치이다. 삶과 죽음을 하나로 하는 가운데 충의 길을 잘 완수하는 것이 우리 무사도이다.

전국 시대에도 영주는 가장으로서의 정신을 발휘하여 백성을 애호했다. 이 역시 무사도의 표현이어야 한다. 무사의 마음가짐은 평상시에는 가문의 전통에 따라 경신숭조의 마음을 배양하여 항상 유사시에 대처할 각오를 다지고, 지혜, 인자함, 용기를 겸비하여 인정을 베풀고 세상사의 정취物のあはれ[70]를 아는 사람이 되기 위해 노력하는 데에 있다. 무사도의 대성을 위해 진력한 야마가 소코, 마쓰미야 간잔松宮觀山[1686-1780],[71] 요시다 쇼인 등은 모두 독실하게 경신의 정신을 갖춘 사람들이었다. 이 무사도가 메이지 유신과 함께 봉건의 구태를 벗고, 더욱 그 빛을 더해 충군애국의 길로서, 또한 황군의 정신으로 전개되어 온 것이다.

불교

불교는 인도에서 시작되어 지나와 조선을 거쳐 우리나라에 들어온 것인데, 그것은 신앙인 동시에 도덕이고 또 학문이다. 그리고 우리나라에 들어와서는 국민정신으로 순화되어 국민적인 모습으로 발전했

---

70 헤이안 시대의 자연관과 문예의 본질로 여겨지는 것으로, 그윽한 정취의 세계. 모토오리 노리나가가 『겐지 이야기源氏物語』의 본질이 '모노노아와레物のあはれ'에 있고, 자연이나 인사를 접하고 느끼는 감동을 표현하는 것을 근본으로 삼았다고 하며, 유교나 불교의 설교적 문학관과는 다른 문예 평가의 축으로 보았다.

71 에도 시대 중기 유학자로 특히 병법을 연마하고 병학을 가르쳤다. 그 사상은 유불신 3교에 걸쳐 있고 특히 황도 선양에 힘썼다. 이후 막부의 기피인물이 되었고 막부 비판 사건에 연루되어 에도를 쫓겨나기도 했다. 천문, 수리 점복에도 능했으며, 미토학에 영향을 미쳤다.

다. 오래전 스이코 천황 2년[593] 봄 2월에 천황은 황태자와 대신에게 불佛, 법法, 승僧을 융성하게 하는 삼보흥륭三寶興隆의 조칙을 내리시고 그 조칙에 따라 군주에 대한 은혜와 부모에 대한 은혜에 보답하기 위한 사탑이 건립되었다. 군주와 부모의 은혜에 보답하기 위해 절을 세우는 불교 전래 초기의 이러한 정신은 마침내 남도南都불교[72]에서 진호鎭護국가의 정신으로 나타났고, 천태종과 진언종에 이르러서는 이 표식을 내걸고, 그 후 임제종臨濟宗의 흥선호국론興禪護國論 같은, 또는 니치렌종日蓮宗의 입정안국론立正安國論 같은 주장이 되었고, 그 밖에 신불교新佛敎의 조사祖師들도 마찬가지로 왕법을 중시했다. 그리고 이와 함께 그 교리적 발달에도 주목할 만 한 것이 있었다. 진언종이 삼라만상을 대일여래大日如來의 현현顯現으로 삼아 즉신성불卽身成佛을 설파하고, 천태종이 초목 국토도 모두 불성佛性을 갖고 범부凡夫도 깨달음이 있으면 부처가 된다고 하여 중생에게 해탈에 이르는 길을 설파하는 점에서, 아마테라스 대신을 중심으로 하는 신기숭경神祇崇敬 및 귀일몰아歸一沒我의 정신, 일시동인一視同仁, 중생과 함께 조화를 이루는 마음과 서로 통하는 점이 있음을 본다. 남도불교 중에는 해탈에 차별이 있다고 가르치는 종파도 있는데, 헤이안 불교 이후, 특히 무아無我를 바탕으로 하는 차별 즉 평등, 평등 즉 차별의 불교 본래

---

72 나라 시대에 수도 나라에서 흥륭한 불교 6종파를 가리키며, 삼륜종三論宗, 성실종成實宗, 법상종法相宗, 구사종俱舍宗, 화엄종, 율종律宗을 말한다. 민중의 구제활동에 무게를 둔 헤이안 불교나 가마쿠라 불교와 달리 학파적 요소가 강한 율령체제 하에서 국가의 비호를 받아 불교 연구를 행했고, 종교상의 실천 행위는 진호국가라는 이념 아래 주술적인 기도를 올리는 정도였다고 한다.

의 취지를 명백히 하여 모두가 평등하다고 가르치기에 이른 것은, 역시 차별 즉 평등의 마음을 갖는 우리나라의 씨족적이고 가족적인 정신, 몰아적이고 전체적 정신에 의해 섭취 순화된 것으로, 예를 들면 신란親鸞[1173~1262][73]이 어동붕어동행御同朋御同行[벗이여 길동무여]이라고 신도들에게 제창하는 것이 이것이다. 정토종과 진종眞宗은 성도문聖道門[자력 고행의 교법]에 대한 이행도易行道[아미타불의 원력에 의해 극락왕생하는 수행의 길]인 정토문[타력본원의 교법]을 취하고 환상회향還相回向을 설파, 시종時宗[가마쿠라 말기에 융성한 정토교의 한 종파]은 이타교화利他敎化의 유행을 만들어내 불교를 국민 대중의 불교로 했다. 신란이 아미타불의 힘, 즉 절대적인 타력他力에 의해 정토에 섭취된 모든 업고에서 구제되는 것을 설파하고 자연법이自然法爾를 추구한 것에, 몰아귀일沒我歸一의 정신이 가장 잘 살아있음과 동시에, 호넨法然[1133~1212][74]이 때와 장소, 인연을 가리지 않고 언제 어떤 경우에서도 염불을 하여 있는 그대로의 모습으로 극락왕생의 업을 성취할 것을 설파한 것에는 일본인의 동적이고 실제적인 인생관이 드러나 있다. 또 도겐道元[1200~1253][75]이 자기를 비운 자기의 행위가 도道라고 하며 생활, 경

73 정토진종의 개조. 처음에 히에산比叡山에서 천태종을 익혔고, 이후에 호넨法然의 전수염불專修念仏에 입문한다. 1207년에 염불 정지의 명령이 내려 에치고越後로 유배되었다. 사면 후에 간토關東에서 살며 포교와 저술을 행했다. 호넨의 사상을 더욱 심화시켜 절대 타력에 의한 극락왕생을 설파했다. 어동붕어동행은 함께 염불하며 같은 길을 가니 사해의 모두는 형제라는 정토진종의 표현으로 신란이 제자들에게 보내는 편지에 썼다고 한다.
74 정토종의 개조. 히에산에서 수행했으며, 1175년에 전수염불의 가르침을 설파하여 정토종의 열었다. 주로 무사나 농민의 귀의를 얻었다. 기존 불교로부터 격렬한 압박을 받아 1207년에 전수염불은 정지되고 시코쿠四国로 유배되었지만, 나중에 교토로 돌아왔다.
75 일본 조동종의 개조. 13세에 히에산으로 출가했고, 송으로 건너가 조동선을 배웠다.

제, 정치, 산업을 모두 이 보은의 행위로 여기는 몰아적 정신, 실제적
인 입장을 취하는 점에서 공통점을 가지고 있다. 이 정신은 점차로
신유불神儒佛 삼교 일치 등의 주장으로 나타나기에 이르렀다. 천태종
이하, 석가모니세존으로부터 역사적으로 전해 내려오는 것을 근거로
하여, 쇼토쿠 태자로 복귀하려는 운동이 생겨나는 것에 역사와 전통
을 존중하는 정신이 보인다. 이리하여 우리나라는 대승불교가 발달
하기에 적합한 땅으로 여겨져 불교가 오늘날과 같이 된 것으로, 거기
에 국민적인 본연의 모습, 성격이 자연스럽게 드러나 있다. 이와 같
이 동화된 불교가 우리 문화를 풍부하게 하고 세계관에 깊이를 더해
사색을 훈련하고 국민생활에 잘 녹아들고, 또 국민정신을 고무시키
는 것으로 히간에나 우라본에와 같이 조상 숭배와 관련된 행사도 생
겨나기에 이르렀다.

5. 국민문화

문화

우리나라 문화는 건국 이래의 큰 정신의 현현이다. 이것을 풍부하
게 발전시키기 위해 외래문화를 섭취하고 순화시켜 왔다. 지나의 명
대에 저술된 『오잡조五雜組』[76]에, 경서 중 『맹자』를 가지고 일본으로

귀국 후에 에치젠越前으로 옮겨 대불사大仏寺를 창건했다. 지관타좌只管打坐를 설파했고, 『정
법안장正法眼藏』 등을 집필했다.

가는 자가 있으면 그 배는 반드시 전복된다는 전설이 실려 있는 것
은, 무릇 혁명 사상이 우리 국체와 근본적으로 맞지 않다는 것을 말
하는 것으로 우리의 흔들림 없는 정신과 이에 기초한 엄정한 비판이
존재하는 것을 의미한다. 스가와라노 미치자네菅原道眞[845~903][77]의
말이라고 전해지는 '화혼한재和魂漢才[일본 고유의 정신과 중국의 학문을 합한
다는 뜻]'라는 말이 일반적으로 사용된 것도 이와 같은 의미에서이다.

　무릇 진정한 문화는 국가와 민족을 떠난 개인의 추상적 이념의 소
산이어서는 안 된다. 우리나라의 모든 문화는 국체의 구현이다. 문화
를 추상적 이념의 전개로 생각할 때, 그것은 항상 구체적인 역사에서
유리된 국경을 초월한 추상적이고 보편적인 것이 되지 않을 수 없다.
그런데 우리나라의 문화에는 항상 건국의 정신이 엄연히 존재하고
있고, 그것이 국사와 일체를 이루고 있다.

　이렇듯 우리나라의 문화는 일관된 정신을 가지는 한편, 역사의 각
시대에서 각각 다른 특색을 보이고 있다. 그리고 창조는 항상 회고回
顧와 하나가 되고, 복고는 항상 유신의 원동력이 된다. 즉 지금과 옛
날과는 하나가 되고, 거기에 새로운 시대의 창조가 이루어진다. 우리

76　명대 말기 사조제謝肇淛[1567~1624]가 저술한 수필집으로 고금의 문헌이나 실지 견
문 등에 기초한 풍부한 화제를 유연한 비평안으로 다루고 있다. 특히 민속에 관한 것에는
흥미로운 자료가 많다. 일본에서도 에도 시대에 널리 애독되어 일종의 백과전서적인 용도
로 사용되었다. '오잡조'란 오색 실로 엮은 끈을 말한다. 여기에는 역성혁명을 긍정하는 『맹
자』를 실은 배가 일본으로 건너가려 하면, 황통의 단절을 긍정하는 책을 들여올 수 없다고
하여 제신들이 신풍을 불어 전복시켰다는 이야기가 있다.
77　헤이안 시대의 귀족, 학자, 문인으로, 우다 천황의 신임을 얻어 894년에 견당사로 임명
되었지만 진언하여 이것을 폐지시켰다. 이후 후지와라노 도키히라藤原時平의 중상으로 좌천
되어 유배지에서 죽었다. 학문, 서예, 시문에 뛰어났으며, 학문의 신으로 숭배되기도 했다.

나라의 역사를 더듬어 보면 여기저기에서 이런 사실이 명료하게 드러나 있는 것을 볼 것이다. 따라서 우리나라에서는 복고 없는 창조는 참된 의미의 창조가 아니다. 그와 동시에 창조 없는 복고는 참된 복고가 아니다. 다만 건국 이래 일관된 정신을 바탕으로 하는 '맺음'이야말로 우리나라의 진정한 발전의 모습이어야 한다.

학문

원래 우리나라의 학문은 역대 천황의 장려로 발달하여 오늘과 같이 될 수 있었다. 즉 일찍이 유교와 불교 및 여기에 수반된 대륙의 문화를 섭취하여 이것을 보호 장려하셨던 것이다. 견수사遣隨使와 견당사遣唐使와 함께 다수의 유학생, 학문승을 파견하여 널리 외국문화의 우수함을 받아들이신 것이나, 『만엽집』을 편찬하시고 이어 『고금 와카집古今和歌集』[78]을 비롯한 이른바 21대집 등을 몸소 지으시고, 혹은 조칙에 따른 서책의 인쇄 출판 등, 학문을 장려하신 것은 셀 수 없이 많다. 이것은 가까이는 메이지 유신 이래, 서양의 학문과 기술의 섭취 보급에 관한 메이지 천황의 진념軫念에서도 뵈올 수 있다. 이렇게 학문을 보호 장려하신 것은 첫째, 황조 조국肇國의 정신을 널리 펼치시고, 국운의 융성, 민복의 증진에 마음을 쏟으셨기 때문이다.

예로부터 우리나라의 학문에는 자연스럽게 건국 이래 일관된 정신

---

78 천황의 조칙에 의해 공적으로 편찬된 첫 번째 와카집으로 10세기 초에 성립했다. 가풍은 웅건하고 느긋한 만엽집에 비해 우미하고 섬세하고 이지적이라고 평해지고 있다. 칙찬 와카집은 이후 『신속 고금 와카집新續古今和歌集』까지 21대집이 편찬되었다.

이 흐르고 있다. 쇼토쿠 태자는 황도皇道의 보좌로서 유교, 불교, 노자의 가르침을 받아들이시어 헌법 17조를 처음으로 만드시고, 또 삼경三經을 해설한 의소義疏를 지으셨다. 이치는 곧 도리임을 설명하실 때에도 결코 추상적이고 보편적인 법리로서가 아니고, 구체적이고 일관된 전통의 정신 위에 행하여야 하는 도리로서 제시하시는 것이다. 그리고 이 도리에 의해 당시의 다방면에 걸친 학문과 문화는 종합되고 통일되어, 이후 언제나 복고와 창조, 전통과 발전이 혼연 일체가 되어 전개되고 발전해 왔다.

국사에 대해서는 쇼토쿠 태자는 일찍이 『천황기天皇記』, 『국기國記』 등을 편찬하시고, 이어서 겐메이 천황元明天皇[707~715]은 덴무 천황의 성지를 바탕으로 『고사기』 3권을 지으시고, 겐쇼 천황元正天皇[715~724]은 조칙을 내리시어 『일본서기』 30권을 편찬하셨다. 그리고 『일본서기』가 편찬되기 시작한 이듬해부터 궁중에서 이것의 강의를 마련하셔서 신민으로 하여금 우리나라의 참된 모습을 명백히 알게 하셨다. 칙명에 의해 사서를 만드는 사업은 다이고 천황醍醐天皇[885~930] 시대까지 이어져, 이른바 육국사六國史[79]의 성립을 보기에 이르렀는데, 후세에 민간에서도 대일본사와 같은 사서 편찬 사업이 기획되었다. 또 에도 시대에 부흥한 국학은 고전 연구에서 시작된 복고의 학문으로, 국사와 함께 국체를 밝히고 있어 국민정신 선양에 공헌하는 바가 크다.

---

79 고대 일본의 율령국가가 편찬한 6개의 정사. 『일본서기』(~697), 『속일본기』(697~791), 『일본후기日本後紀』(791~833), 『속일본후기續日本後紀』(833~850), 『일본 몬토쿠 천황 실록日本文德天皇実録』(850~858), 『일본 3대 실록日本三代実録』(858~887).

우리나라의 모든 학문은 그 궁극적인 목적을 국체에서 발견함과 동시에 황운의 보필을 그 임무로 한다. 에도 시대에 서양의 의학과 포술 등등이 전래되었을 때, 극심한 어려움을 물리치고 연구에 몰두한 것도, 또한 메이지 유신 후, 서양의 학술 등 온갖 것의 채용에 전념하고 노력한 것도 모두 이 황운을 보필하여 받드는 신민의 도리를 다하기 위한 것이었다. 그러나 대단한 기세로 외래문화를 수입하여 여러 방면으로 크게 발전하고 있는 오늘날 일본의 학문에는 우리도 모르는 사이에 이 중심을 잃을 우려가 없다고 할 수 없다. 메이지 천황은 「5개조의 서문」에서 이렇게 말씀하셨다.

지식을 세계에 구하여 크게 황업의 기반皇基를 진기振起할 것.

어떠한 학문에 종사하는 자도 항상 생각을 이 근본의 목적에 두고, 우리나라 학문의 근본 취지에서 벗어나지 않고 이로써 성지聖旨를 따르고 받드는 것에 힘쓰지 않으면 안 된다.

교육

우리나라의 교육도 학문과 마찬가지로 역시 국체에 기반하고 국체의 현현을 중심으로 하여 건국 이래의 도리에 그 연원을 두어야 함은 학문의 경우와 완전히 동일하다. 우리 교육은 예로부터 씨족 공동체 구성원의 대표자氏上가 그 구성원氏人을 이끌고 조정을 섬겼던 시대에는 그 씨족의 조상이 조정을 섬겼던 역사를 전승하는 것이 교육의 주

된 내용이었다. 예를 들면 『다카하시 씨문高橋氏文』[80]에서 다카하시 가
문의 조상 이와카무쓰카리 님磐鹿六鴈命이 게이코 천황을 받들어 모셔
뛰어나게 충성을 다하고 나서부터, 대대로 그 가직家職을 이어 조정의
내선직內膳職을 받들어 모신 유래를 기록하여 그 자손을 가르침으로
써 이로써 봉공의 마음을 돈독히 한 것처럼, 예로부터 여러 가문의 씨
문氏文은 모두 이런 식이다. 후세의 무사 교육에서도 이 전통에 따른
가정교육을 중요시 여겨, 가문의 이름을 지켜야 하는 것을 항상 가르
쳤다. 요시노조吉野朝의 충신 기쿠치 씨菊池氏의 가훈인 「기쿠치 다케
모치 기청문菊池武茂起請文」에 이렇게 기록되어 있는 것이 그 예이다.

> 다케모치武茂 무사의 집안에 태어나 조정을 받드는 몸이기 때문에, 하늘의
> 도리에 따라 바르고 곧은 이치로서 가문의 이름으로 조정의 은혜를 입어 입
> 신하는 것은 삼보三寶의 허락을 얻어야 할 것이다. 그 밖에 개인의 명예나 사
> 욕을 위해 의를 버리고 수치를 돌아보지 않고, 현세에 아첨한 무사의 마음과
> 오래도록 거리를 두어야 한다.

근세의 국민교육은 신도가神道家, 국학자, 유학자, 불교가, 윤리학자
등의 활동에 의한 것이 많았다. 신도가들의 나카토미노 하라에中臣祓[81]
존중, 국학자들의 우리 고전 연구와 보급 등은 가장 두드러진 활동이

---

80 일본 고대의 문서로, 궁내성 내선사內膳司[천황의 식사를 관장하는 직책] 직원이었던 다
카하시 씨와 아즈미安曇 씨가 경쟁할 때 다카하시 씨가 고대로부터의 가문의 역사를 문서로
제출한 것이다. 792년에 다카하시 씨의 승소를 인정한 태정관부太政官符가 부가되어 있다.

다. 이런 사람들의 국민교육에 대한 공헌과 관련해서 신사에서는 와
카和歌나 하이카이俳諧[82]를 신전에서 읽어 내려가거나 헌액獻額 등이 행
해지고, 봉납액奉納額은 그 내용이 산도算道[수학]에 관한 것에까지 이
르고 있다. 제예제도諸藝諸道의 조상으로서 각각의 수호신을 세워, 하
치만궁八幡宮을 무武의 신으로 우러러 존경하고 덴마 천신天滿天神을 문
文의 신으로 받들고, 와카의 기원을 스사노오 님의 야쿠모八雲의 신영
神詠[83]에서 찾는 등 여러 가지 기원을 신에게 두고 있다.

　무릇 '오시에おしへ'는 '오시愛し'라는 말이 가리키고 있듯이 자애로
기른다는 의미로, 인간과 자연의 자애를 기본으로 도리에 따라 사람
을 양육하는 것이다. '미치비쿠みちびく'는 자제子弟를 도리에 이르게 한
다는 의미이다. 우리나라의 교육은 메이지 천황이 「교육에 관한 칙
어」에서 가르치신 것처럼 첫째, 우리 국체를 본받아 건국의 정신을
받들어 모시고, 황운을 보필하는 것을 그 정신으로 삼는다. 따라서
개인주의 교육학이 주창하는 자아의 실현, 인격의 완성처럼, 단지 개

81　대불大祓 시행시에 나카토미 씨가 축문을 읊는 등, 의식의 주요 부분을 담당하는 것에
　서 대불의 별칭으로 사용된다.

82　와카는 5·7·5·7·7을 기본으로 하는 일본의 전통 음수율 정형 단시를 말한다. 이 중
　전구인 5·7·5와 후구인 7·7을 창화한 것을 렌가連歌라고 하고 전구와 후구를 교대로 길게
　잇는 것을 장렌가長連歌라고 하여 중세부터 크게 유행한다. 그 중 골계적이고 상식적인 내
　용을 중심으로 한 것이 하이카이이고, 첫 구인 5·7·5 17자가 독립한 것이 하이쿠俳句이다.
　하이쿠는 메이지 중기 이후에 퍼진 명칭이다. 하이쿠는 와카와 함께 지금까지도 널리 창작
　되고 있는 일본의 단시형문학이다.

83　『고사기』에 실린 "八雲立つ 出雲八重垣 妻籠めに 八重垣作る その八重垣を(뭉게뭉게 구름이
　피어오르는 이즈모의 몇 겹이나 쌓은 울타리. 아내를 품기 위해 몇 겹의 울타리를 만드네. 그 아름다운 두터운 울
　타리를)"를 말한다. 이즈모에 내려온 스사노오가 야마타노오로치를 퇴치한 후 아내를 맞이
　하며 부른 노래로 되어 있다.

인의 발전과 완성만을 목적으로 삼는 것과는 본질적으로 전혀 다르다. 즉 국가를 벗어난 단순한 개인적 심의心意나 성능의 개발이 아니고 우리나라의 도리를 체현하는 국민의 육성이다. 개인의 창조성 함양, 개성의 개발 등을 중심으로 하는 교육은 자칫 개인에게 치우쳐 개인의 자의로 흐르게 되고, 나아가서는 자유방임 교육으로 빠져 우리나라 교육의 본질에 맞지 않는 것이 되기 쉽다.

　교육은 지식과 실행을 하나로 하는 것이어야 한다. 지식에만 편중되어 국민으로서의 실천이 결여된 교육은, 우리나라 교육의 본래 취지에 반한다. 즉 지행 합일하여 건국의 도리를 잘 행하는 데에 우리나라 교육의 본래 취지가 존재하는 것임을 알아야 한다. 다양한 지식의 체계는 실천에 의해 비로소 구체적인 것이 되어 합당한 자격을 얻으며, 이론적 지식의 근저에는 항상 국체와 이어지는 깊은 신념과 이것에 의한 실천이 없으면 안 된다. 그리고 국민적 신념 및 실천은 이론적 지식에 의해 더욱 정확해지고 발전되는 것이므로 우리나라 교육에도 이론적이고 과학적인 지식은 더욱 존중되고 장려되어야 하지만, 동시에 그것을 국민적 신념 및 실천에서 벗어나지 않게 함으로써 우리나라 문화의 참된 발달에 도움이 되지 않으면 안 된다. 즉 한편으로는 다양한 과학의 분화 발전을 꾀함과 동시에, 다른 한편으로는 그것을 하나로 종합하는 것에 유의하여 실행에 옮기고, 이로써 이와 같은 지식으로 하여금 각각 그 합당한 자격을 얻게 하고, 그 본령을 발휘하게 해야 한다.

　황송하게도 메이지 천황은 메이지 12년[1879] 교육대지敎育大旨에서 이렇게 말씀하셨다.

　　교학의 요체인 인의충효仁義忠孝를 밝히고 지식과 재예才藝를 추구함으로써 인간의 도리를 다하는 것은, 우리 선조의 교훈과 나라 법전의 큰 뜻을 상하 일반의 가르침으로 여기는 바이다.

　　그런데 근래 오로지 지식과 재예만을 존중하여, 문명개화의 진의를 망각하고 말초적인 것에 치우쳐 품행을 바르게 하지 않고 풍속을 파괴하는 자가 적지 않다. 그러한 이유는 유신의 선구자로서 누습을 타파하고 지식을 세계에 펼치는 탁견을 가지고, 한 때 서양의 장점을 받아들여 매일매일 새로워지는 효과를 거뒀지만 그 폐해로서 인의충효는 제쳐 두고 단지 서양식만을 앞 다투어 흉내 내면 장래에 무서운 결과를 빚어 마침내 군신부자의 대의를 망각하게 될 지도 모른다. 이것은 결코 우리나라 교학의 본래 정신이 아니다.

진정 오늘날에 비추어 깊이 생각하지 않으면 안 된다.

예도藝道

　　우리나라의 도道는 예로부터의 여러 예술에도 현저히 나타난다. 시가詩歌, 관현管絃, 서화, 문향聞香, 다도, 꽃꽂이, 건축, 조각, 공예, 연극 등 모두 궁극적으로는 도道로 시작해 도道로 끝난다. 도의 표현은 한편으로는 전통 존중의 정신이 되고 다른 한편으로는 창조하고 발전시키는 행위가 된다. 따라서 중세 이래 우리나라의 예도는 먼저 틀에 들어가 수련하고 마침내 나중에 틀을 나오는 수양방법을 중시했다.

그것은 개인의 자의를 배재하고, 먼저 전통에 살면서 틀에 따름으로써 자연스럽게 도를 얻고, 그런 후에 비로소 개성에 따라 실현해야 한다고 가르친 것이다. 이것이 우리나라 예도 수업의 특색이다.

우리의 예도에서 볼 수 있는 하나의 근본적인 특색은, 몰아귀일의 정신을 기반으로 하는 양식을 채용하는 것으로, 나아가 깊이 자연과 합치하려는 태도가 있는 것이다. 정원 만드는 방법을 보아도, 배경을 이루는 자연과의 융합을 고려하여 각각의 위치에 놓인 한 그루의 나무, 하나의 돌 위에도 대자연의 정취를 표현하고자 하고, 대나무로 만든 평상에 새墓 이엉의 정자를 지어 자연의 품에 몰입하고자한다. 즉 주관적 계획으로 흘러 사람의 자의에 의해 만드는 그런 것이 아니다. 다도에서 와비侘[84]를 받드는 것도, 그것을 통해 나를 버리고 도에 합치하고자 하는 요구에서 나온 것이다. 좁은 다실에 무릎을 마주하고 일기일회一期一會[85]를 즐기며 주인과 객이 하나가 된 기쁨에 잠기고, 이리하여 상하가 서로 어울려 개인도 없고 차별 없는 조화和의 경지에 이르는 것이다. 다도에서의 이 마음은 예로부터 다양한 계급이나 직업을 가진 자가 차별 속에서 평등의 조화를 이루고 나를 잊고 봉공奉公하는 정신을 키워온 것과 서로 통한다. 회화에서도 야마토에大和繪[86] 등은 순수한 마음으로 인물과 자연을 그려, 유려

---

84 일본 다도의 근본이념으로 고독과 청빈이 담긴 정취, 소박함, 한거 등의 의미를 나타낸다.
85 다도에서 유래한 일본의 사자성어이다. 다도에 임할 때에는 그 기회가 두 번 다시 오지 않는 일생에 한번뿐인 만남이라는 생각으로 주인과 손님이 서로 성의를 다하는 마음가짐을 의미한다.

하고 깊은 멋이 넘치며 일본인의 마음을 가장 잘 표현하고 있다. 렌가連歌와 하이카이 등은 본래 한 사람의 창작이 아니고 집단적인 조화의 문학, 협력의 문학이다. 또 간소하고 청정한 신사 건축은 자연과 조화를 잘 이루어 더없이 신성한 것이 되었다. 사원 건축 등도 산천초목의 자연에 잘 융합하여 우아하고 아름다운 모습을 나타내고 갑옷투구나 의복의 모양에 이르기까지 자연과의 합치를 볼 수 있는 것처럼 널리 미술 공예 등에도 이러한 특색이 잘 나타나 있다. 더욱이 우리나라 예술에 대해 주의해야 할 점은 정신과 현실과의 종합적인 조화 및 각 부문의 예술이 서로 결합되어 있는 것이다. 즉 제아미世阿彌[1363?~1443?][87]가 말하는 '꽃花', 바쇼芭蕉[1644~1694][88]의 '사비', 지카마쓰 몬자에몬近松左衛門[1653~1724][89]의 허실론虛實論 등은 이 마음

---

86 본래는 일본의 풍경이나 풍속을 묘사한 회화를 말한다. 가마쿠라 후기부터는 송원화나 그 영향을 받은 새로운 양식의 일본화에 비해 헤이안 시대 이후의 전통적인 양식에 의한 회화의 총칭이고, 당화唐絵에 대비해서 일컬어지는 개념이다.

87 무로마치 전기의 노가쿠 배우이자 작가. 당시 막부의 장군이었던 아시카가 요시미쓰의 후원 하에 노가쿠를 대성시켰다. '꽃'은 그의 노가쿠론으로 연기와 연주가 관객의 감동을 불러일으키는 상태를 말한다.

88 마쓰오 바쇼松尾芭蕉를 말한다. 일본의 대표적인 하이쿠 시인으로, 인생을 여행으로 보냈다. 『오쿠로 가는 오솔길奥の細道』이 대표작이다. 기존의 언어유희적인 골계 취미에서 벗어나 자연이나 서민생활의 정감을 풍부하게 표현했다. '사비'는 일본의 미의식을 나타내는 개념의 하나로, 시간이 경과되면서 노화되어 가는 모습을 의미하는 말에서 오래되어 맛이 나는 것, 마르고 차분한 멋, 한적한 정취를 나타내게 되었다. 특히 바쇼의 하이카이의 세계에서는 한적하고 안정된 그윽한 풍정이 세련되어 자연스럽게 밖으로 나오는 감각이 중요한 이념으로 여겨졌다.

89 조루리와 가부키의 대표적인 각본가로 의리 인정의 갈등을 제재로 인간 본성의 아름다움을 묘사했다고 평가받고 있다. 허실론은 지카마쓰의 예술론으로, 정식 명칭은 허실피막虛実皮膜론. 예술의 진실은 허구와 현실의 미묘한 경계에 있다고 한 것이다.

과 사물의 깊은 일체 관계를 반영하고 있다. 에마키모노絵巻物[90]에서는 문학, 회화, 공예 등의 뛰어난 종합을 볼 수 있고, 노가쿠能樂는 사장詞章과 요가謠歌, 주악, 무용과 연기, 회화, 공예 등이 완벽하게 종합을 이루며 실현되고 있다. 가부키에서도 음악과 무용과 작품과의 융합에 그 특색이 나타나 있고, 또 하나미치花道[91]에 의해 무대와 관중이 완벽하게 하나가 된다.

이것은 요컨대 우리나라 문화는 본질적으로 건국 이래의 큰 정신을 구현하는 것으로 학문, 교육, 예도 등, 모두 그 근본이 하나이다. 장래의 우리나라 문화도 마땅히 이러한 도에 입각해서 더욱 창조되어야 한다.

6. 정치, 경제, 군사

제정일치

우리나라는 만세일계의 천황 통치 하에서 제사와 정치는 그 근본이 하나이다. 다이카 개신에서 당나라의 제도를 받아들일 때, 고토쿠 천황이 백성이 진심으로 기꺼이 조정을 섬기는 방법을 물으시자, 소가노 이시카와마로는 "먼저 천신지기를 받들어 모시고, 그런 후에 정

---

90 일본에서 발전한 그림 형식으로 가로 방향의 두루마리 형태에 그림이나 이야기를 전개해 간다.
91 가부키 극장에서 무대의 일부가 관객석으로 뻗어있는 장치로 배우가 무대에 등장할 때 사용하기도 한다.

사를 살펴야 한다"고 아뢰었다. 우리나라의 오래된 성문법은 오미령近江令에서 요로령養老令에 이르러 완성되었으나, 그 직원령職員令의 서두에 먼저 신기관神祇官을 두고, 특히 신기령神祇令을 만들었다. 메이지 천황은 "천신지기를 받들어 모셔 제사를 중시하는 것은 황국의 대의이고, 정치교육의 기본이다"라고 말씀하셨다. 즉 제사의 정신은 건국 이래 정사의 근본으로, 궁중에서는 황송하게도 3전三殿의 제사를 지극히 엄숙하게 집행하신다. 이것은 황조께서 건국하신 정신을 몸소 지키고, 신으로서 현세를 통치하시는 마음에서 나온 것임을 감히 짐작할 수 있다. 실로 경신과 애민은 역대 천황의 감사한 마음이시다.

흠정헌법

메이지 천황은 황조황종의 유훈과 역대 천황이 통치하신 홍범을 소술하시고 메이지 22년[1889] 2월 11일에 황실전범을 제정하셨고 대일본제국헌법을 반포하셨다.

외국의 성문헌법은 대체로 기존의 통치권자를 몰아내거나, 또는 견제하는 것에서 생겨났다. 전자의 경우는 소위 민약民約헌법이라 불리는데, 그 실제는 평등한 인민이 자유로운 입장에서 서로 계약한 것이 아니고, 권력 쟁탈에서 승리한 자에 의해 결정된 것에 지나지 않는다. 후자의 경우는 이른바 군민협약헌법이라 불리는 것으로, 이것은 전통적인 권력자인 군주가 신흥 세력에게 강요당해 상호 세력권을 협정한 것에 지나지 않는다. 또한 이 밖에 흠정헌법이라는 것이 있어도 그것은 정도의 차이는 있으나 실질적으로는 역시 일종의 협약헌법 그 이상도 이하도 아니다.

그러나 제국헌법은 만세일계의 천황이 '조종祖宗으로부터 물려받은 대권'을 가지고 의도하신 대로 제정하신 흠정헌법으로, 황실전범과 함께 완전한 '조칙詔勅' 그 자체이다.

그리고 이 흠정하신 헌법의 내용은 외국에서처럼 제정 당시의 권력관계를 영구히 고정하기 위해 규범화한 것이 아니고, 또는 민주주의, 법치주의, 입헌주의, 공산주의, 독재주의 등의 추상적 이론 또는 실천적 요구를 제도화한 것도 아니다. 또 외국의 제도를 이식하여 모방한 것도 아니며, 황조황종의 유훈을 현창顯彰하신 통치의 홍범이다. 이것은 황실전범과 제국헌법을 흠정하실 때에 황조황종이 신령에게 고하신 문서告文에서 이렇게 말씀하신 것을 보아도 명백하다.

　황조황종의 유훈을 분명하게 밝히시고, 전범과 헌법을 성립시키고 조장條章을 명시하시어

　황조황종께서 후예後裔에게 남기신 통치의 홍범을 소술하는 것에 지나지 않다.

이와 같이 황조황종의 유훈을 소술하시려는 크신 마음은, 다만 황실전범과 흠정헌법 제정 때만이 아니고, 메이지 시대 내내 일관되게 변함없었던 것을 친히 이렇게 읊으신 시가에서도 엿볼 수 있다.

　세상이 아무리 개화되어도 예로부터의 나라의 규범은 어기지 않았으면

신대로부터의 규범을 어기지 않겠다는 것이 짐의 바람이었네.

이렇게 정해진 나라의 규범은 옛 성군聖君의 목소리였네.

더욱이 이와 같은 천황의 심려는 메이지 시대에만 국한된 것이 아니라 역대를 일관하는 마음이다. 황조황종의 유훈은 역대 천황에 의해 소술되는 것으로, 여기에 만세일계의 황통은 자연의 하나의 계통일 뿐 아니라 동시에 자각하고 계신 하나의 계통이시라는 고마운 사실을 뵈올 수 있다. 그런 고로 흠정하신 전범과 헌법은 황조황종이 후예에게 남기신 통치의 홍범을 소술하신 것으로 이것을 받들어 모시고, 또 오로지 이러한 의미로 해석하고 따르고 행할 필요가 있다.

그리고 이 연면히 이어지는 부단한 통치의 홍범을 새롭게 전범과 헌법으로 소술하신 것은 고문告文에서 이렇게 말씀하신 것에서도 엿볼 수 있다.

생각건대 세상이 진보하고 발달함에 따라 황조황종의 유훈을 명백히 하여 전범과 헌법을 세우고 자세한 조항들을 제시하여, 안으로는 황손이 따라야 하는 바로 삼고 밖으로는 신민이 황업을 보필하는 도리를 넓혀서 영원히 따르고 행하게 하고, 더욱 국가의 근본을 공고히 하여 모든 일본 민생의 경복을 증진시켜야 한다.

번창하는 국운, 신민의 훌륭한 덕과 좋은 능력의 발양, 경복의 증진을 기원하시는 것은, '천양무궁의 크신 계획'을 따르게 하시고 "조종祖宗의 유업을 영구히 공고케” 하기 위함이다. 그리고 헌법을 제정하신 특수한 목적은 군신이 준수해야 하는 규범을 명확히 하고, 또 신민 익찬의 도리를 넓히시는 데에 있는 것을 뵈올 수 있다. 그리고 세상의 진운進運, 인문의 발달이 이 헌법 제정의 계기가 되었다. 이것도 역시 “무릇 성인이 법을 세우면 도리는 반드시 바람직한 시기를 따른다”라는 유훈에 따르신 것이다. 이와 같은 입헌의 정신을 뵈옵고 외국의 헌법 제정의 유래에 생각이 미칠 때, 외국과 우리의 헌법이 본질적으로 차이가 있음을 알 수 있다.

우리 헌법에 조술祖述되어 있는 황조황종의 유훈 중 가장 기초적인 것은 천양무궁의 신칙이다. 이 신칙은 만세일계의 천황의 크신 마음이고 많은 신들의 염원임과 동시에 모든 국민의 바람이다. 따라서 알든 모르든 관계없이, 실제로 현실에 존재하여 규율하는 명법命法이다. 그것은 다만 미래를 향한 규범일 뿐만 아니라 건국 이래의 하나의 큰 사실이다. 헌법 제1조에 “대일본제국은 만세일계의 천황이 이것을 통치한다”고 되어 있는 것은, 이것을 명백히 나타내신 것이고, 제2조는 황위계승의 자격 및 순서를 밝히시고, 제4조의 전반부는 국가원수와 통치권 등, 메이지 유신 이래 채택된 새로운 개념을 기반으로 제1조를 더욱 명백하게 소술하신 것이다. 천황은 통치권의 주체이시므로, 이 통치권의 주체는 국가이고, 천황은 그 기관에 지나지 않는다는 설 등은, 서양의 국가학설의 무비판적인 답습이라는 것 이외에는 아무런 근거도 없다. 천황은 외국에서 소위 말하는 국가원수, 군주, 주권자, 통치권자 등에 머무는 그런 분이 아니고 살아계신 신으로서 건국 이래의 대의에 따라 이 나라를 통치하시는 것으로, 제3조에 "천황은 신성하며 침범해서는 안 된다"고 되어 있는 것은 이것을 명백히 제시하신 것이다. 외국에서 볼 수 있는 이와 유사한 규정은, 물론 이러한 깊은 의의를 기반으로 하는 것이 아니고 국가원수의 지위를 법규에 의해 확보하려는 것에 지나지 않는다.

천황의 친정 親政

또한 제국헌법의 다른 규정은 모두 이와 같은 본질을 가지시는 천황이 통치하시는 준칙이다. 그 중에도 그 정체에 관한 법의 근본 원칙은 중세 이후와 같은 위임 정치가 아니고, 혹은 '군림하지만 통치하지 않는' 영국식도 아니고, 또는 군민공치도 아니고, 삼권분립주의도 법치주의도 아닌 전적으로 천황의 친정이시다. 이것은 건국 이래 만세일계의 천황의 마음에는 일관된 통치의 홍범이면서도, 중세 이후에 끊어져 오랫동안 정체법상 제도화되지 않았는데, 메이지 유신에서 복고되어 헌법에 이것을 명시하신 것이다.

제국헌법의 정체법 일체는 이 친정 원칙의 확충을 소술한 것에 다름이 아니다. 예를 들어 신민 권리 의무 규정 등도, 서양 제국에서의 자유권 제도가 주권자에 대해 인민이 천부인권을 옹호하려는 것과는 달리, 천황이 사랑으로 어루만지며 자애로 양육하시는 정신과, 국민에게 균등하게 황업을 보필할 기회를 주시고자 하신 크신 마음에서 나온 것이다. 정부와 법원과 의회가 정립鼎立하는 것도, 외국에서의 삼권분립처럼 통치자의 권력을 견제하려는 것과는 달리, 우리나라에서 삼권분립은 통치권의 분립이 아니고 천황의 친정을 보필하는 기관의 분립에 지나지 않고, 이에 따라 천황 친정의 보필을 더욱 확실하게 하려는 것이다. 의회도 소위 말하는 민주주의 국가에서는 명의상의 주권자인 인민의 대표기관이고, 또 군주와 인민이 함께 통치하는 소위 군주국에서는 군주의 전횡을 억제하고 군주와 인민이 함께 통치하기 위한 인민의 대표기관이다. 우리나라 제국의회는 이것들과는 전혀 달라서, 천황의 친정을 국민으로 하여금 특수한 사항에 대해 특수한 방법으로 돕게 하시기 위해 만들어진 것에 다름 아니다.

우리나라의 법

우리나라의 법은 모두 이 황실전범과 제국헌법을 기초로 성립한다. 개개의 법전 법규에는 직접 천황의 판단에 의해 정해지는 것도 있고, 천황이 위임해서 제정되는 것도 있다. 그러나 이들 모두는 천황의 능위에 근원을 두고 있다. 법의 내용에 대해서도 그것을 구체화하는 분야 및 그 정도에는 여러 가지 등급이나 순서의 차이는 있으나, 결국에는 조종의 유훈을 소술하신 조칙인 전범이나 헌법을 구체화한 것이 아닌 것이 없다. 따라서 모든 법은 천황의 능위에 귀착한다. 그 때문에 우리나라의 법은 모두 우리 국체의 표현이다.

이렇듯 우리나라 법은 천황의 능위 아래, 신민 각자가 황운을 보필하기 위해 진심을 다하여 정성으로 복종하는 길을 제시하신 것이다. 그러므로 신민이 국가의 헌법을 중시하고 국법을 따르는 것은, 국민이 진정으로 충량한 신민으로 사는 길이다.

경제

경제는 물자에 관한 국가생활의 내용을 이루는 것으로, 물자는 비단 국민생활을 유지하기 위해 필요할 뿐 아니라, 황위를 떨치기 위한 불가결한 조건을 이루는 것이다. 따라서 국가의 경제력 배양은 황국 발전의 중요한 기초 중 하나이다.

그래서 황송하게도 건국 당초에 황조께서 친히 생업을 내려주시고, 경제 곧 산업이 나라의 대업에 속하는 것임을 제시하셨다. 진무 천황은 "만일 백성에게 이익이 있다면 어찌 성업聖業에 방해가 되겠는가"라고 말씀하셨고, 나아가 스진 천황은 "농사는 천하지대본이다. 백성은 그것을 믿고 살아가는 것이다"라고 말씀하셨으며, 역대 천황은 항상 억조신민의 생업을 근심하고 걱정하셨다. 그런데 오랫동안 이어진 봉건 시대에 직업은 점차 고정되고 경제는 현저하게 경직되어 산업의 발달에는 이렇다 할 만한 것이 적었다. 에도 시대 말기에는 이런 상황을 타개하고자 많은 경제학자 및 경제생활 지도자가 나타났다. 특히 니노미야 손토쿠二宮尊德[1787~1856][92] 등은 대표적인 사람이다. 손토쿠는 일원융합一圓融合의 도리, 보덕報德의 도리를 설파

---

92 에도 시대 후기의 농정가로 합리적이고 풍부한 농업 지식으로 알려졌고 번의 부흥에 힘썼다. 경제와 도덕의 융화를 주장하여 사리사욕을 멀리하고 사회에 공헌하면 결국 자신에게 환원된다고 주장하여 대야 속의 물에 비유하기도 했다. 메이지 정부는 국민교화의 관점에서 손토쿠를 현창하여 1904년 이후에 수신교과서에 효행, 학문, 근면, 성실, 절약 등 많은 덕을 갖춘 인물로 등장했고, 쇼와 시대가 되면 소학교 교정에 땔감을 이고 책을 읽는 니노미야의 어린 시절을 형상화한 상이 널리 건립되었다. 이것은 가난한 민중의 능동적 에너지를 계발하면서 체제내에 머물게 하려는 지배층의 의도에 의한 것이다. 오늘날에도 근검절약의 모범인물로서의 이미지가 강하게 남아 있다.

하고, 근로, 분도分度[자기 분수에 맞는 생활을 하는 것], 추양推讓[남을 추천하고 자신을 양보]을 주장하여, 이것을 천지의 대법에 합치하는 큰 도리로 삼아 황국 본원의 길을 제시해 드러내는 것이라고 설파했다.

우리나라가 메이지 유신에 의해 세계열강들과 어깨를 나란히 하자, 종래의 농업생산만으로 경제력의 발전을 꾀하는 것이 곤란하다는 것을 통감했다. 그래서 메이지 이래로 누차 칙유를 내리시어, 근대 서양의 생산기술을 채용하고 근검의 중요성을 훈계하셨다. 또한 실업교육을 정비하고 산업을 장려하여, 국부의 증진, 신민의 경복을 위해 크신 마음을 쏟으셨다. 신민도 역시 천황의 크신 마음을 체현하여, 관민이 협력하고 근검하게 생산을 거두어, 오늘날과 같은 충실한 국력을 달성하게 되었으며, 그 급속한 발달은 세계가 놀라는 바이다.

우리 국민경제는 황국의 무궁한 발전을 위한 크신 마음에 기반을 두는 대업이고 백성의 경복에 기여하는 바이며, 서양 경제학이 주장하는 식의 개인의 물질적 욕망을 충족시키기 위한 활동과 관련한 화합이 아니다. 그것은 거국적으로 '맺음'의 길에 참가하여, 각각이 그 본분에 따라 그 역할을 다하는 것이다. 우리나라에 일찍부터 발달한 농사는 땅이 만들어 내는 것을 인력으로 기르는 것으로, 사람과 흙이 화합하여 생산을 영위하는 것이다. 이것이 우리나라 산업의 근본정신이다. 근대에 발흥한 상공업도 원래 이것과 동일한 정신에 의해 이루어져야 하는 것은 말할 것도 없다.

우리나라 근대의 경제활동의 근저에는 서양사상의 현저한 침투가 있었는데도, 항상 이러한 건국 이래의 산업 정신이 흐르고 있었다고 보아야 한다. 원래 우리 국민 모두가 경제활동에서 언제나 이러한 정신을 의식하고 있었던 것은 아니며, 또한 우리 국민이 생산활동의 모든 경우에 영리의 관념에서 이탈했던 것도 아니다. 그러나 우리나라의 산업에 종사하는 많은 사람이 그저 자기의 물질적 욕망의 충족에 이끌린다기보다, 오히려 무엇보다 먼저 각자의 직분을 지키고 자신의 역할을 다하는 정신으로 화합하는 가운데 그 업무에 힘써온 것은 간과하기 어려운 사실이다. 그래서 최근에 보이는 우리 산업계의 세계적 약진을 이끌 수 있었던 것이다.

'맺음'의 정신을 기본으로 공公을 앞세우고 사私를 뒤로 하고, 본분을 지키고 역할을 다하여 조화을 중시하는 마음이야말로 우리나라 고유의 산업정신이고, 그것은 산업계에 강한 힘을 낳아 창의를 장려하고 협력을 가져오며, 능률을 현저히 높이고 산업 전체의 융성을 초래하여 마침내 국가의 부를 증진시키는 까닭이 된다. 장래에 우리 국민의 경제활동에는 이 특유의 산업정신을 충분히 자각하고 이를 기반으로 더욱더 그 발전을 꾀해야 한다. 이리하여 경제는 도덕과 일치하여, 이욕을 위한 산업이 아니라 도리에 기반하는 산업이 되어 국체의 정화를 경제에서 떨칠 수 있게 될 것이다.

군사

우리 국체가 명확하게 드러나는 것은 군사에서도 마찬가지이다. 예로부터 우리나라에서는 신의 혼을 니기미타마和魂[평화의 신령]와 아라미타마荒魂[무력의 신령]로 나누고 있다. 이 두 역할이 서로 협력

할 때, 만물은 각각 평안해지는 동시에 더욱더 생성 발전한다. 그리고 아라미타마는 니기미타마와 떨어지지 않고 일체로서 역할을 하는 것이다. 이 역할에 의해 천황의 능위에 따르지 않는 자들을 '평정해서 따르게 한다'는 데에 황운의 사명이 있고, 이른바 신무神武라고 칭하는 존귀한 무武의 도리가 있다. 메이지 천황의 조칙에는 '조종 이래 상무尚武의 국체'라고 말씀하신다. 천황은 메이지 6년[1873] 징병령을 반포하셔서 국민 모두에게 병역의 의무를 지게 하시고, 메이지 15년[1882] 1월 4일에는 육해군 군인에게 칙유를 내리시어 이렇게 말씀하셨다.

우리나라의 군대는 대대로 천황의 통솔 아래에 있다.

또한 이렇게 일깨우셨다.

짐은 너희들 군인의 대원수이다. 짐은 너희들을 수족처럼 의지하며 너희들은 짐을 머리로서 받들어 그 관계는 특히 깊어지지 않으면 안 된다. 짐이 국가를 보호하고 하늘의 은혜에 따르고 조상의 은총에 보답할 수 있는 것도 너희들 군인이 직무를 다할지의 여부에 달려 있다. 나라의 위신에 그늘이 있으면 너희들은 짐과 근심을 함께 하라. 짐의 무위가 발휘되어 영광스럽게 빛난다면 짐과 너희들은 명예를 함께 할 것이다. 너희들이 모두 직분을 지키고 짐과 마음을 하나로 하여 국가의 방위에 힘을 다한다면 우리나라의 백성은 오래도록 태평을 구가할 것이며 우리나라의 위신은 크게 세계에 빛날 것이다.

이 칙유는 황송하게도 천위天威를 지척에서 우러러 모시듯이 존귀하게 읽혔다. 진정으로 황운의 사명은, 능위를 우러러 크신 마음에 따라 황국을 잘 보전하여 나라의 위광을 떨치는 데에 있다. 우리 황운은 이 정신에 의해 일청, 일러 전쟁을 거쳐 세계대전에 참가하여 나라의 위광을 크게 떨치고 세계열강 가운데 서서 동양의 평화를 공공히 하고 또 널리 인류의 복지를 유지 증진할 책임 있는 지위에 서기에 이르렀다.

그래서 우리 국민은 "문무가 서로 삼가 그 직분에 복종하고, 모두가 각각 그 업무에 힘쓰라"고 하신 천황의 뜻을 받들어 모셔, 마음을 합하여 서로 돕고 힘을 모으고 지성으로 받들어 모심으로써 천양무궁의 황운을 보필하여 받들고, 신민으로서의 본분을 다하지 않으면 안 된다.

결어

우리는 이상으로 우리 국체의 본의와 국사에 명백히 나타나는 모습을 고찰했다. 이제 우리 황국 신민은 오늘날의 여러 문제에 대해 어떠한 각오와 태도를 가져야 할까. 생각건대, 먼저 힘써야 하는 것은 국체의 본의를 바탕으로, 여러 문제를 야기시키는 원인인 외래문화를 순화시켜 신일본문화를 창조하는 사업이다.

우리나라에 수입된 각종 외래 사상은 지나, 인도, 구미의 민족성이나 역사성에 유래하는 점에서, 그 나라들에서는 당연한 것이었다 할지라도, 특수한 국체를 가진 우리나라에서는 그것이 우리나라 정서에 적합한지의 여부가 먼저 엄정하게 비판되고 검토되지 않으면 안된다. 즉 이 자각과 그에 따른 순화에 의해 비로소 우리나라만의 특색 있는 신문화 창조를 기할 수 있다.

서양사상의 특질

애초 서양사상은 그 근원을 그리스 사상에 두고 있다. 그리스 사상은 주지적 정신을 기조로 하는 것으로, 합리적, 주관적, 관상적인 것을 특징으로 한다. 거기에는 도시를 중심으로 하여 문화가 창조되고, 인류사상 드물게 볼 수 있는 철학이나 예술 등을 남겼지만, 말기에 이르면 그 사상과 생활에서 점차 개인주의적 경향을 낳았다. 그리고 로마는 이 그리스 사상을 법률이나 정치 등의 실제적 방면에서 계승하고 발전시키는 한편, 초국가적인 그리스도교를 채용했다. 구미 각국의 근세사상은, 한편으로는 그리스 사상을 부활시키고 중세의 종교적 압박과 봉건적 전제에 반항하여 개인의 해방과 자유의 획득을 주장하고, 천국을 지상에 초래하려는 의도에서 발족한 것이고, 다른 한편으로는 중세의 초국가적인 보편성과 진리성을 존중하는 사상을 계승하고 더욱이 이것을 지상의 실증에 구하려는 것에서 출발했다. 이로 인해 자연과학을 발달시키는 한편, 교육, 학문, 정치, 경제 등의 각 방면에서 개인주의, 자유주의, 합리주의를 주류로 하여, 거기에 세계사적으로 특색 있는 근대문화의 현저한 발전을 이룩했다.

무릇 인간은 현실적인 존재인 동시에 영원한 것과 연결되어 있는 역사적 존재이다. 또한 나인 동시에 동포인 존재이다. 즉 국민정신에 의해 역사를 바탕으로 그 존재가 규정된다. 이것이 인간 존재의 근본 성격이다. 이 구체적인 국민으로서의 존재를 잃지 않고, 개인으로서 존재하는 점에 깊은 의의를 발견할 수 있다. 그런데 개인주의적인 인간 해석은 개인으로서의 일면만을 추상화하고, 그 국민성과 역사성

을 무시한다. 따라서 전체성, 구체성을 잃고 인간 존립의 진실을 일
탈하고 그 이론은 현실에서 유리되어 각종 잘못된 경향으로 기운다.
여기에 개인주의, 자유주의 또는 거기에서 발전한 여러 사상의 근본
적인 과오가 있다. 지금 서양 각국에서는 이 오류를 자각하고 이것을
극복하기 위해 다양한 사상이나 운동이 일어났다. 그러나 이것들도
필경 개인의 단순한 집합을 단체 혹은 계급으로 삼거나, 또는 추상적
인 국가를 관념하는 것으로 끝나는 것이어서, 이와 같은 것들은 오류
로 오류를 대신하는 것에 지나지 않으며, 결코 진실된 타개와 해결이
아니다.

동양사상의 특질

우리나라에 수입된 지나사상은 주로 유교와 노장사상이었다. 유교
는 실천적인 도리로서 훌륭한 내용을 가지며 대단히 가치 있는 가르
침이다. 그리고 효를 가르침의 근본으로 삼고 있는데, 그것은 지나에
서 가족을 중심으로 도리가 세워지기 때문이다. 이 효는 실행적인 특
색을 갖지만, 우리나라처럼 충효일체의 국가적 도덕으로 완성되지는
않았다. 가족적 도덕을 국가적 도덕의 기초로 삼아, 충신은 효자의
가문에서 나온다는 말도 있는데, 지나에는 역성혁명易姓革命[1]과 선
양방벌禪讓放伐[2]이 행해졌기 때문에, 그 충효는 역사적이고 구체적

---

1 고대 중국의 정치사상으로, 왕조에는 세습되는 통치자의 성이 있으나, 성이 바뀌는 것
은 하늘의 뜻이라는 사상.
2 역성혁명의 규범적인 두 가지 방식으로, 임금의 자리를 세습하지 않고 덕이 있는 이에
게 물려주는 것[선양], 악정을 행한 제왕을 몰아내고 토벌하는 것[방벌]을 가리킨다.

인 영원한 국가의 도덕은 될 수 없다. 노장은 인위를 버리고 자연으로 돌아가 무위로 바뀌는 경지를 이상으로 삼았으나, 결국 그 도리는 문화를 부정하는 추상적인 것이 되어, 구체적인 역사적 기초 위에 서지 않고 개인주의에 빠졌다. 그 말류는 이른바 죽림칠현竹林七賢[3]처럼 세상을 등지고 고독을 지키려는 경향을 보이며 청담淸談과 독선의 무리가 되었다. 요컨대 유교도 노장사상도 역사적으로 발전하는 구체적인 국가의 기반을 갖지 않는 점에서 개인주의적 경향에 빠지는 것이라 할 수 있다. 그러나 그 사상들이 우리나라에 섭취되면 개인주의적이고 혁명적 요소는 탈락하고, 특히 유교는 우리 국체에 순화되어 일본유교의 건설로 이어져 우리 국민도덕의 발달에 기여하는 바가 크다.

인도의 불교는 행동적이고 직관적인 면도 있으나, 관상적이고 비현실적인 민족성에서 창조된 것으로, 명상적, 비현실적, 초국가적인 것이다. 그런데 우리나라에 섭취되자, 국민정신으로 순화되고 현실적이고 구체적인 성격을 얻어 국가의 근본을 배양하는 데 공헌하는 바가 많았다.

신일본문화의 창조

요컨대 서양의 학문이나 사상의 장점이 분석적이고 지적인 데 비해, 동양의 학문과 사상은 직관적이고 행동적인 것을 특색으로 한다.

---

3 중국의 위진 교체기에 부패한 정치권력에는 등을 돌리고 죽림에 모여 거문고와 술을 즐기며 청담으로 세월을 보낸 일곱 명의 선비.

그것은 민족과 역사의 차이에서 발생하는 필연적 경향인데, 이것을 우리나라의 정신, 사상 및 생활과 비교할 때는, 여전히 거기에 커다란 근본적인 차이를 인정하지 않을 수 없다. 우리나라는 종래에 지나사상이나 인도사상 등을 수입하여, 능히 이것을 섭취하고 순화하여 황도의 우익羽翼으로 삼아, 국체를 근본으로 하는 독자적인 문화를 건설할 수 있었다. 메이지 유신 이래로 서양문화는 도도히 유입되어 우리 국운의 융창에 현저하게 공헌하는 바가 있었으나, 그 개인주의적 성격은 우리 국민생활의 각 방면에 걸쳐 여러 폐해를 낳았고, 사상의 동요를 야기하기에 이르렀다. 그러나 이제 이 서양사상을 우리 국체를 토대로 순화시킴으로써 광대한 신일본문화를 건설하고, 이를 계기로 국가적 대발전을 이루어야 할 시기를 맞이하고 있다.

서양문화의 섭취와 순화에는 우선 서양의 문물과 사상의 본질을 규명할 필요가 있다. 이것 없이는 국체의 명징은 현실을 벗어난 추상적인 것이 될 것이다. 서양 근대문화의 현저한 특색은 실증성을 기본으로 하는 자연과학 및 그 결과인 물질문화의 화려한 발달에 있다. 더욱이 정신과학 면에서도 그 정밀성과 논리적 조직성이 보여, 특색있는 문화를 형성하고 있다. 우리나라는 더욱더 이 학문들을 수입하여 문화의 향상, 국가의 발전을 기하지 않으면 안 된다. 그러나 이 학문적 체계와 방법 및 기술 등은 서양에서의 민족, 역사, 풍토의 특성에서 나오는 서양의 독자적인 인생관과 세계관에 의해 뒷받침되고 있다. 그 때문에, 우리나라에 이것을 수입할 때에는 충분히 이 점에 유의하여 그 본질을 깊이 꿰뚫어 보고, 투철한 견식을 바탕으로 그

장점을 받아들이고 단점을 버려야 한다.

제반의 쇄신

메이지 이래 우리나라의 경향을 보건대, 전통 정신을 버리고 완전히 서양사상에 몰입하는 자가 있는가 하면, 혹은 역사적인 신념을 유지하면서도 서양의 학술이론에 관해 충분한 비판을 가하지 않고 그대로 이것을 답습하여 이원적인 사상에 빠지고, 게다가 이것을 의식하지 못하는 자가 있다. 또한 서양사상의 영향을 현저히 받은 지식계급과 일반인들과는 상당한 사상적 간격이 생기고 있다. 그리하여 이러한 상태에서 여러 가지 곤란한 문제가 발생했다. 일찍이 유행했던 공산주의운동 혹은 최근의 천황기관설天皇機関説[4]의 문제 등이 왕왕 일부 학자나 지식계급의 문제였던 것 등은 저간의 사정을 잘 나타내고 있다. 이제 공산주의는 쇠퇴했고 기관설은 타파된 것처럼 보여도, 그것은 아직 결코 근본적으로 해결되지 않았다. 각 방면에서 서양사상의 본질 규명과 그 국체에 의한 순화가 한층 진전되지 않는 한, 진정한 성과를 거두는 것은 곤란할 것이다.

생각건대 서양의 사상과 학문에 대해 일반적으로 극단적인 것, 예

---

4 천황은 법인인 국가의 최고 기관이며, 통치권은 국가에 있다고 하는 헌법학설이다. 옐리네크Georg Jellinek[1851~1911]의 국가법인설에 기초한 것으로 천황주권설과 대립했다. 미노베 다쓰키치가 주창했으며, 이로 인해 미노베는 1935년에 '불경한 학설'을 주창했다는 이유로 귀족원의원을 사직하게 되었다. 이후 '천황기관설 배격운동이 일어났고 이것이 국체명징운동으로까지 발전되었다. 그 연장선상에서 문부성에 의해 작성된 것이 『국체의 본의』이다.

를 들면 공산주의나 무정부주의 등은, 누구라도 쉽게 우리 국체에 반하는 것임을 깨닫지만, 극단적이지 않은 것, 예를 들면 민주주의나 자유주의 등에 대해서는 과연 그것이 우리 국체와 합치할지의 여부에 대해서는 그다지 주의를 기울이지 않는다. 애초에 어떻게 해서 근대 서양사상이 민주주의, 사회주의, 공산주의, 무정부주의 등을 탄생시켰는가를 고찰할 경우, 앞에서 언급한 것처럼 거기에는 모든 사상의 기초가 되는 역사적 배경이 있고, 게다가 그 근저에는 개인주의적 인생관이 있는 것을 알 수 있다. 서양 근대문화의 근본 성격은 개인을 절대 독립자존의 존재로 보고, 모든 문화는 이 개인을 충실하게 하기 위해 존재하며, 개인이 모든 가치의 창조자이자 결정자로 보는 점에 있다. 따라서 개인의 주관적 사고를 중시하고, 오로지 개인의 뇌리에 그려지는 관념에 의해서 국가를 생각하고 제반 제도를 기획하고 이론을 구성하려고 한다. 이렇게 해서 만들어진 서양의 국가학설과 정치사상은 그 대부분이 국가를, 개인을 낳고 개인을 초월한 주체적인 존재로 보지 않고, 개인의 이익 보호, 행복 증진의 수단으로 여겨, 자유, 평등, 독립의 개인을 중심으로 하는 생활원리의 표현이 되었다. 따라서 자의적인 자유해방만을 추구하여 봉사라는 도덕적 자유를 망각한 잘못된 자유주의나 민주주의가 발생했다. 그리고 개인주의와 이에 따르는 추상적 사상이 발전한 결과, 필연적으로 구체적이고 역사적인 국가 생활은 추상적 논리의 그늘에 가려져 어느 국가도 국민도 똑같이 국가 일반 내지는 인간 일반으로 여겨져, 구체적인 각 국가 및 그 특성보다 오히려 세계 일체의 국제사회, 세계 전체에 통하는 보편적 이론 등이 중시되고, 결국에는 국제법이 국법보다도 고차원적인 규범으로 높은 가치를 가져, 국법은 오히려 국제법에 종속되는 것으로 여기는 등의 잘못된 생각마저 발생하기에 이르렀다.

개인의 자유로운 영리 활동의 결과로 국가의 번영을 기대하는 것에서 서양의 근대 자유주의 경제가 일어났다. 서양에서 발달한 근대 산업조직이 우리나라에 수입되었을 때에도, 국리민복國利民福이라는 정신이 강하게 사람들의 마음을 지배하는 동안에는 개인의 활발한 자유 활동은 국부의 증진에 현저히 기여할 수 있었으나, 그 후 개인주의와 자유주의 사상이 보급되면서 점차 경제 운영에서 이기주의가 공공연히 정당화되는 경향이 생기게 되었다. 이러한 경향은 빈부 격차의 문제를 발생시켜, 마침내 계급적 대립 투쟁 사상을 낳는 원인이 되었는데, 거기에 공산주의가 침투하자, 경제를 정치와 도덕 등 모든 문화의 근본으로 보는 한편, 계급투쟁을 통해서만이 이상적 사회를 실현할 수 있다고 생각하는 등의 망상을 낳았다. 이기주의나 계급투쟁이 우리 국체에 반하는 것은 말할 필요도 없다. 황운 부익의 정신 아래, 국민 각자가 적극적으로 생업에 앞다투어 힘쓰고, 각자의 활동이 통일되어 바른 질서가 서게 되어야만 국리와 민복이 하나가 되어 건전한 국민경제가 진전될 수 있는 것이다.

교육에 대해서도 마찬가지이다. 메이지 유신 이후에 우리나라는 진보한 구미 각국의 교육을 참작하여 교육제도나 교수 내용 등의 정비에 힘쓰고, 또한 자연과학은 물론 정신과학의 여러 방면에서도 크게 서양의 학술을 수입하여, 우리나라 학문의 진보와 국민교육의 보급을 꾀하여 왔다. 「5개조의 서문」을 받들어 오랜 누습을 타파하고, 세계에 지식을 구한 진취의 정신은 이 방면에도 장족의 진보를 촉구했고, 그 성과는 대단한 것이었다. 그러나 그와 동시에 개인주의사상의 침투로 인해 학문도 교육도 자칫 보편적 진리라는 식의 추상적인 것만을 목표로 하여 이지적인 것만의 세계, 역사와 구체적 생활을 떠난 세계로 치우치려 하여, 지육智育도 덕육德育도 어느새 추상화된 인간의 자유, 개인의 완성을 목적으로 하는 경향을 낳게 되었다. 그와 동시에 또 그들 학문과 교육이 분화되고 전문화되어 점차 종합적인 통일을 결여하고, 구체성을 잃게 되었다. 이러한 경향을 시정하기 위해서는 우리나라 교육의 연원인 국체의 진의를 밝히고, 개인주의사상과 추상적 사고의 청산에 노력하는 수밖에 없다.

이와 같이 교육, 학문, 정치, 경제 등 여러 분야에 침투한 서양 근대사상의 귀결은 결국 개인주의이다. 그리고 개인주의 문화가 개인의 가치를 자각하게 만들고 개인 능력의 발휘를 촉진시킨 것은 그 공적이라고 해야 한다. 그러나 서양의 현실이 보여주듯이, 개인주의는 필경 개인과 개인, 또는 계급 간의 대립을 야기해 국가생활과 사회생활 속에 많은 문제와 동요를 초래한다. 이제 서양에서도 개인주의를 시정하기 위한 많은 운동이 나타났다. 소위 시민적 개인주의에 대한 계급적 개인주의인 사회주의와 공산주의도 그렇고, 국가주의와 민족주의인 최근의 이른바 파쇼, 나치스 등의 사상과 운동도 그렇다.

그러나 우리나라에서 진정으로 개인주의가 초래한 결함을 시정하고 그 한계를 타개하기 위해서는, 서양의 사회주의 내지 추상적 전체주의 등을 그대로 수입하여, 그 사상과 기획을 모방하려 하거나, 혹은 기계적으로 서양문화를 배제하는 것으로는 도저히 불가능하다.

우리의 사명

지금 우리 국민의 사명은 국체를 바탕으로 서양문화를 섭취하고 순화시킴으로써 새로운 일본문화를 창조하고, 나아가 세계문화의 진전에 공헌하는 데에 있다. 우리나라는 일찍이 지나와 인도의 문화를 수입한 것에 그치지 않고 능히 독자적인 창조와 발전을 이룩했다. 이것이 진정으로 심원하고 광대한 우리 국체가 이루는 바이고, 이것을 이어 받은 국민의 역사적 사명은 실로 중대하다. 지금 국체의 명징을 바라는 목소리는 대단히 높은데, 그것은 반드시 서양의 사상과 문화의 순화를 계기로 이루어져야 하며, 이런 과정 없이는 국체의 명징은 현실과 유리된 추상적인 것이 되기 쉽다. 즉 서양사상의 섭취, 순화와 국체의 명징과는 불가분의 관계에 있다.

세계문화에 대한 과거 일본인의 태도는 자주적이고 포용적이었다. 우리가 세계에 공헌할 것은 오로지 일본인다운 도리를 더욱 발휘함으로써 이루어질 뿐이다. 국민은 국가의 근본으로서의 변함없는 국체와, 고금을 일관하고 국내외로 베풀어 어긋나지 않는 황국의 길에 따라, 새로운 일본을 더욱 생성 발전시키고, 이로써 더욱 천양무궁의 황운을 삼가 보필하지 않으면 안 된다. 이것이 우리 국민의 사명이다.

해설

『국체의 본의』란 무엇인가

1. 『국체의 본의』 발행의 배경

『국체의 본의』는 제2차 세계대전 이전에 일본의 문부성이 발행한 '초국가주의' 서적으로 알려져 있다.

1935년 문부성 사상국思想局의 이토 엔키치伊東延吉의 주도 하에, 14명의 학자로 이루어진 편집위원회가 조직되었다. 기히라 마사요시紀平正美(철학), 와쓰지 데쓰로和辻哲郎(윤리학), 요시다 구마지吉田熊次(교육학), 고노 세이조河野省三(신도학), 미야지 나오카즈宮地直一(신도학), 우이 하쿠주宇井伯壽(불교학), 오쓰카 다케마쓰大塚武松(역사학), 구로이타 가쓰미黑板勝美(역사학), 이지마 다다오飯島忠夫(동양사학), 야마다 요시오山田孝雄(국어학), 히사마쓰 센이치久松潛一(국문학), 후지카케 시즈야藤懸靜也(미술사학), 이노우에 다카마로井上孚麿(법학), 사쿠타 쇼이치作田莊一(경제학) 등, 제국대학 교수를 중심으로 한 당시의 대표적인 학자들이 위원으로 참가했다. 그 밖에도 9명의 편집촉탁이 활동했다. 초고를 작성한 것은 국민정신연구소 조수인 시다 노부요시志田延義(국문학)로 여겨지며 1937년 5월 15일에 발행되었다.

　본서의 발행 목적은 표지 안쪽의 머리말에 간결하게 이렇게 적혀 있다. "본서는 국체를 명징明徵하게 하고, 국민정신을 함양·진작해야 할 각하刻下의 급무를 감안하여 편찬했다." '국체'란 한 마디로 쉽게 말하자면 '일본은 천황의 국가'라는 말이다. 그것을 명백히 하고 그에 따른 철저한 국민정신을 창출하는 것이 본서 편찬의 목적이라는 것이다.

　당시의 일본 헌법[대일본제국헌법, 1889년 반포]⁵에서는 제1조에 "대일본제국은 만세일계의 천황이 통치한다"고 되어 있다. 제3조는 "천황은 신성하며 침범해서는 안 된다"고 되어 있다. 일본은 천황의 국가이고 국민은 '신민', 즉 천황의 백성이라는 것은 이 조문에 이미 밝히지 않았는가. 그럼에도 불구하고 헌법 반포로부터 반세기 가까이 지난 1937년이 되어 일본 정부는 왜 "국체를 명징"할 필요가 있었는가.

　그 사정은 본서의 「서언緖言」에서 언급하고 있다. 일본은 메이지 유

5　'제국헌법' 혹은 '메이지 헌법'으로 불리기도 한다. 프러시아의 입헌국주제를 본뜬 것으로, 1888년에 이토 히로부미伊藤博文, 이노우에 고와시井上毅 등에 의해 최종 초안이 완성되었다. 89년에 흠정헌법으로 반포되어 90년 11월에 시행되었다. 대개 고문告文, 헌법발포칙어, 상유上諭, 헌법 본문이 함께 실려 있다. 본문은 7장 76조로 이루어졌다. 제1장에 천황주권을 정하고, 이외에 통수대권, 외교대권, 비상대권 등의 광범위한 천황의 대권을 규정했다. 신민의 권리 규정, 군주에 대한 대신大臣 조언제, 사법권의 독립 등 일단 근대적 입헌제의 체제를 취하면서도 귀족원을 중의원에 대립시켜 실질적으로는 입법권이나 예산심의권을 대폭적으로 제한하는 등, 비입헌적 측면도 적지 않았다. 특히 군부는 천황의 군대로서 정부나 의회가 관여할 수 없는 독립된 지위를 부여받아 커다란 영향을 미치게 되었다. 1947년 5월 3일 일본국헌법 시행과 함께 그 효력이 소멸했다.

신에 의해 개국한 이래로 서양문명을 섭취해 크게 발전했으나, 지금은 '국난國難'에 직면했다. 서양의 다종다양한 문물·제도·학술을 급격히 수입하고, 특히 서양의 '개인 본위 사상'을 안이하게 이입·모방한 결과, "사상과 사회에서 혼란"을 야기하고 있다. 특히 문제는 '사회주의, 무정부주의, 공산주의 등'의 과격한 사상으로 이로 인한 혼란을 수습하기 위해서는 "실로 우리나라의 독자적인 입장으로 돌아가, 만고불역萬古不易의 국체를 천명"할 필요가 있다는 것이다.

본서 편찬에는 보다 구체적인 목적도 있었다. '천황기관설' 문제에 정부의 입장에서 결말을 짓는다는 목적이다. 천황기관설은 법인인 국가가 통치권의 주체가 되고, 천황은 하나의 기관에 지나지 않는다는 헌법학설로, 1920년대에는 도쿄제국대학 교수 미노베 다쓰키치美濃部達吉 등의 영향에 의해 학계, 관계, 정계에서 우세해졌다. 이에 대해 1935년에 군부나 우익단체가 국체에 반하는 것이라며 공격하여 커다란 정치문제가 되었기 때문에 당시의 오카다 내각[오카다 게이스케岡田啓介 수상]은 두 번에 걸쳐 '국체명징 성명'을 발표하고, 천황기관설을 부정하며 일본이 천황의 국가라는 것을 명시했다. 『국체의 본의』는 이러한 경위를 수용하여 정부 공인의 국체론을 국민에게 알리는 사명을 띠고 편찬된 것이다. 본서 제2장 제6절의 다음과 같은 서술은 이러한 사정에 의한 것이다. "천황은 통치권의 주체이시므로, 이 통치권의 주체는 국가이고, 천황은 그 기관에 지나지 않는다는 설 등은, 서양의 국가학설의 무비판적인 답습이라는 것 이외에는 아무런 근거도 없다."

2. '국체'란 무엇인가

『국체의 본의』는 일본의 국체를 어떻게 설명하고 있을까. 본서가 묘사하는 "우리 국체의 본의와 그 역사에 명백히 나타나는 모습"에 일일이 주석을 다는 것은 본 해설의 목적이 아니므로, 자세한 내용에 대해서는 본문을 직접 읽기를 바라는 수밖에 없지만, 빼놓을 수 없는 요점에 대해서는 언급하고자 한다.

일본의 '국체'란 무엇인가. 본서는 제1장 '대일본 국체'의 제1절 '건국肇國' 첫 머리에서 선언하고 있다.

대일본제국은 만세일계의 천황이 황조의 신칙神勅을 받들어 영원히 통치하신다. 이것이 우리 만고불역의 국체이다. 그리고 이 대의를 기반으로 일대 가족국가로서 억조億兆가 일심으로 성지聖旨를 받들고 명심하여, 능히 충효의 미덕을 발휘한다. 이것이 우리 국체가 정화精華로 삼는 바이다. 이 국체는 우리 나라의 영원불변한 근본으로, 역사를 관통하여 일관되게 빛나고 있다. 그리고 그것은 국가의 발전과 함께 더욱더 공고하고 천양天壤과 함께 무궁하다.

일본은 '만세일계'의 천황이 선조의 '신칙'을 받들어 통치하는 국가이고, 이것이 천지와 함께 영원히 변치 않는 일본 본연의 모습이다. 일본의 '국체'란 요약하면 이 하나로 귀결된다. 따라서 과거에서 현재, 그리고 미래에 이르기까지 일본에서 일어나는 모든 것, 역사, 정치, 경제, 군사, 문화 등이 모두 이 국체의 현현이다. 또 국민은 천황의 백성이기 때문에 '신민'이고, 황실은 신민의 '종가宗家'인 한편, 신민은 천황의 '적자赤子'이기 때문에, 이 '일대 가족국가'에서는 천황에 대한 '충' 즉 '절대순종'과, '효' 즉 '경모보은'이 일치하는 '충효일체'가 국민도덕이 된다.

천황의 통치가 영원하다는 것은 천황의 지위가 다른 나라 군주나 권력자의 그것과 완전히 다르다는 것을 의미한다. 다른 국가는 '개인의 집단'이기 때문에 "군주는 지와 덕과 힘을 표준으로 하여, 덕 있는 자는 그 지위에 오르고 덕 없는 자는 그 자리에서 물러나기도 하고, 권력에 의해 지배자의 위치에 오르고 권력을 잃으면 그 지위에서 추방당하기도 하고, 또는 주권자인 민중의 뜻에 따라 선거에 의해 결정되는 등, 오로지 인간의 소행, 인간의 힘에 의해서만 이것을 정하게 되어" 버린다. 따라서 다른 나라에서는 "당연히 권세나 이해에 따라서 투쟁을 낳아 자연스럽게 혁명 국가의 기질을 이루게 된다." "그렇지만 우리나라에서 황위는 만세일계의 황통에서 나신 분에 의해 계승되어 절대 변동되는 일이 없다." 즉 천황의 지위는 다른 어떤 군주나 권력자와 달리 권력정치 일반을 초월하고 '신칙'을 받드는 '황통'에 유래하므로, 신민이 천황을 섬기는 것은 '의무'도 아니고 "힘에 굴복하는" 것도 아니며 "그지없이 자연스러운 마음의 표현"이고, 스스로의 '본원本源'에 대한 '추앙과 순종'의 관계인 것이다.

이와 같이 본서는 일본의 '국체'를 일반적으로 말하는 '정체政體'의 의미에서의 국가체제와는 다른 차원에 두고자 한다. 대일본제국헌법 제1조 "대일본제국은 만세일계의 천황이 통치한다"는 단순한 정치체제의 규정이 아니고 '천양무궁의 신칙'의 표현이며, 천황에 관한 다른 조문은 이 제1조를 새로운 개념에 의해 상세히 기술한 것에 다름 아니다. 제3조 "천황은 신성하며 침범해서는 안 된다"도 다른 나라에서 볼 수 있는 유사한 규정과는 달리, 천황이 "외국에서 소위 말하는 국가원수, 군주, 주권자, 통치권자 등에 머무는 그런 분이 아니고 살아계신 신으로서" 즉 지상에 사시는 신으로서 "이 나라를 다스리시는" 것을 나타내는 것이다. 이것은 헌법 자체가 다른 나라의 헌법과 본질적으로 다른 것을 의미한다. 대일본제국헌법은 "외국에서처럼 제정 당시의 권력관계를 영구히 고정하기 위해 규범화한 것이 아니고, 또는 민주주의, 법치주의, 입헌주의, 공산주의, 독재주의 등의 추상적 이론 또는 실천적 요구를 제도화한 것도 아니다." 이것은 오로지 '조칙', 즉 황조의 '신칙'을 받드는 천황의 메시지 그 자체라는 것이다.

3. '국가적 신념' 혹은 신화

『국체의 본의』는 전편에 걸쳐서 일본의 국체가 이와 같은 것이라는 점을 반복해서 주장한다. 그리고 일본의 정치, 경제, 군사, 문화, 도덕, 종교, 사회의 모든 것, 또 그것들의 과거로부터 현재에 이르는 역사의 모든 것은 국체의 본원인 천황의 '크신 마음'과 그 '능위'의 표현이라 주장한다. 따라서 메이지 유신 후에는 '일청·일러 전쟁'도 '한국병합'도 '만주국 건국'도 모두 국체의 본질에 유래하며, '크신 마음'의 표현이라 주장하는 것이다.

그렇다면 대체 일본의 국체가 그와 같은 것이라는 근거는 어디에 있는가. 일본이 천황의 국가이고, 천황이 황조의 신칙을 받들어 영원히 통치하는 나라라는 근거는 어디에 있는가. 그것은 결국 '황조의 신칙'이다. 그럼 '황조의 신칙'이란 무엇인가. 최고신 '아마테라스 대신天照大神'이 손자인 '니니기 님瓊瓊杵尊'을 '도요아시하라노미즈호국豊葦原の瑞穂の国[윤택한 곡식이 열리는 나라, 일본의 미칭]'에 강림케 했을 때 내린 명령이고 '니니기 님'의 자손이 영원히 이 나라를 통치할 것을 명한 것이다. 그 신칙에 따라 '니니기 님'의 증손이 진무 천황神武天皇이 되고 그 후 '만세일계'의 황통이 이어진다고 여겨진다. 이 일본 국가의 기원(건국肇國) 이야기는 『일본서기』와 『고사기』에 기록된 신화이다. 요컨대 『국체의 본의』에 의한 국체의 정의의 최종적인 근거는 신화인 것이다. 실제로 본서는 '우리 건국의 사실'이라며 그것이 '사실'인 것처럼 말하고 있지만, 한편으로 "이와 같은 이야기와 전승은 고래古來의 국가적 신념"이라고도 한다. 즉 모든 것은 신화에 대한 '신념' 위에 구축된 담론인 것이다.

이러한 신화적 국가관은 메이지 유신이 '개화', 즉 일본의 근대화이면서 동시에 '왕정복고'이기도 했던 지점에 이미 잠재되어 있었다. 이와쿠라 도모미岩倉具視의 「왕정복고의王政復古議」(1867)가 초출로 여겨지는 '만세일계'라는 단어가 제국헌법 제1조에 명기되었을 뿐만이 아니다. 제국헌법에는 '신민'을 향한 '발포 칙어' 앞에 메이지 천황이 '황조황종의 신령'을 향해 서약한 말을 기술한 '고문告文'이 있다. 그것에 따르면 제국헌법은 '천양무궁의 영원한 계획'에 따라 '신으로서의 황위'를 계승한 천황이 '황조황종의 유훈'을 '명징'케 하는 '전헌典憲'을 성립시켜 '황조황종'이 자손에게 남긴 '통치의 홍범'을 '소술紹述'한 것에 다름 아니다. '황조황종의 유훈'의 중핵에 '천양무궁의 신칙'이 있는 것은 명백하다. "아시아에서 최초의 본격적인 근대 헌법"이라 불리기도 하는 제국헌법 자체가 신화적 국체론과 연결되어 있는 것은 부정할 수 없는 것이다. 또한 제국헌법 반포 다음해(1890)에 발표된 「교육에 관한 칙어」(일명 교육칙어)는 메이지 천황 스스로 신민에게 제시한 교육의 원리로서 "우리 황조황종이 나라를 시작하신 것", 즉 건국신화에서부터 설명을 시작하여 "우리 신민이 능히 충과 효로 억조만민이 마음을 하나로 하여 대대로 훌륭히 행한 것은 우리 국체의 정화"라며 '국체'의 관념을 제시한다. 그리고 "일단 국가에 위급한 일이 생길 경우에는 의용義勇을 다하며 공을 위해 봉사함으로써 천지와 더불어 무궁할 황운皇運을 부익扶翼해야 한다"로 귀결되는 도덕을 '황실의 조상이 남긴 유훈'으로서 설파하는 것이다.

『국체의 본의』는 1910년대부터 1920년대에 걸쳐 일어난 '다이쇼大正 데모크라시'나 천황기관설 등의 대항 사상을 배척하고 메이지의 '왕정복고'에 내재되어 있던 신화적 국가관을 전면적으로 전개하여 국가 공인의 사상으로 확인했다. 본서 발행 후 얼마 지나지 않아 일중전쟁이 본격화하고, 국가총동원체제가 구축됨에 따라, 이 신화적 국가관은 총력전 수행의 이데올로기로서 맹위를 떨치게 된다. 『국체의 본의』에서도 '한국 병합'이나 '만주 건국'은 이미 '건국의 정신'을 받드는 천황의 '크신 마음'의 표현이라며 '우리의 중대한 세계사적 사명'을 이야기하고 있지만, 그것은 여전히 "막다른 길에 봉착한 개인주의의 타개를 위해 고투하는 세계 인류를 위한" '세계 문화'에 대한 공헌이라는 형태였다. 그러나 일중전쟁에서 태평양전쟁에 이르는 시기의 『신민의 길臣民の道』[1941년 7월, 문부성 교학국 발행]에서는 '우리 건국의 정신'은 '팔굉일우八紘一宇[전 세계를 하나로 함]'로서 '세계 신질서 건설의 기본 이념'으로까지 격상된다. 세계에 비할 바 없는 '국체'를 가진 일본만이 "도의적 세계 건설의 사명을 다할 수 있다"며 '지나사변'은 "우리 건국의 이상을 동아에 널리 펼치고, 나아가 이것을 사해四海에 고루 펼치고자 하는 성업"이라며 제국 신민에게 "대동아공영권을 지도해야 하는 대국민"으로서의 각오를 요구하는 것이다.

신화적 국체관을 받들어 세계대전으로 돌진한 일본의 체제는 내외적으로 엄청난 희생을 치르고 1945년 8월에 패전과 함께 붕괴한다. 『국체의 본의』와 『신민의 길』은 같은 해 10월 5일자로 문부성 스스로에 의해 절판 및 폐기처분되었고 같은 해 12월 15일에는 GHQ(연합국군최고사령부)가 발표한 「신도지령」에 의해 반포가 금지되었다. 다음해 1월 1일에 쇼와 천황은 조서詔書[통칭 '인간선언']를 반포하여 "천황을 살아 있는 신으로 여기고, 일본 국민을 다른 민족보다 우월한 민족으로 삼으며, 따라서 세계를 지도해야 하는 운명을 가진다"는 생각을 '가공架空의 관념'이라며 부정한다. 제국헌법은 1947년 5월 3일을 기해 '국민주권'의 일본국헌법으로 교체되었고, 교육칙어도 1948년 6월에 중의원에서 '배제' 결의를, 참의원에서 '실효失效' 결의를 함으로써 그 역할을 마쳤다.

4. 신화적 국체론은 진정으로 종언을 고했나

일본의 패전으로부터 이미 70여 년이 경과했다. 오늘날 『국체의 본의』를 읽는 의미는 어디에 있는 것일까.

그것은 단순히 이미 과거가 된 문헌에 대한 역사적 관심만을 충족시키기 위한 것은 아니다. 무슨 말이냐면 『국체의 본의』에 기록된 '국체'관은 오늘날의 일본에서 결코 과거가 되지 않았기 때문이다.

2000년 5월에 당시의 모리 요시로森喜朗 수상이 '신도神道정치연맹 국회의원 간담회'에서 "일본이라는 나라는, 그야말로 천황을 중심으로 하는 신의 나라라는 것을 국민 여러분이 분명히 인식하기를 바란다"고 말해 문제가 되었다. 자유민주당의 「일본국헌법 개정 초안」(2012년 발표)은 국민주권이나 기본적 인권의 존중이라는 현행 헌법의 원칙을 형식상 유지하지만, 전문前文의 첫머리에서 "일본국은 오랜 역사와 고유의 문화를 가지고, 국민통합의 상징인 천황을 받드는 국가"라고 선언하고, 개인주의를 적대시하고 가족이나 국가를 우위에 두려는 경향이 현저하다. 전후 일본의 지배적 정당이 지금도 여전히 과거의 국체론에 대한 노스탤지어를 짙게 가지고 있음을 드러내고 있는 것이다. 그리고 그 배경에는 일본 최대의 우파단체인 '일본회의' 같은 복고적 국가주의를 주장하는 세력이 존재하고, 정계만이 아니라 관계, 재계, 학계 등에도 지지자가 확산되고 있다.

교육칙어에 대해서는 전후 일본에서 각료가 그 의의를 평가하는 발언은 셀 수 없이 많은데, 2006년에는 아베 신조安部晋三 수상이 국회에서 "매우 훌륭한 이념이 적혀 있다"고 말했다. 2017년에 일어난

모리토모학원森友学園 사건에서는 유치원 원아에게 교육칙어를 암송하게 하는 학교법인의 교육이념에 아베 신조 부부가 찬동한 것이 밝혀졌다. 그리고 제2차 아베정권은 같은 해 3월에 교육칙어를 "헌법이나 교육기본법에 반하지 않는 형태로 교재로 사용하는 것까지는 부정되지 않는다"는 각의결정을 했다. 1948년에는 그야말로 신헌법과 교육기본법의 이념에 반한다며 국회가 배제 및 실효 결의를 했음에도 불구하고 말이다.

언론계에서는 전직 외교관으로 논단의 총아가 된 사토 마사루佐藤優가 『일본 국가의 신수神髓: 금서 「국체의 본의」를 해독하다』(2009)에서 『국체의 본의』의 복권을 주장하고 있다. 사토는 21세기를 '신제국주의의 시대'라며 그 '게임의 규칙'은 "먹느냐 먹히느냐"이기 때문에 "일본의 국가체제를 강화하는 사상이 필요"하다고 말한다. 그리고 그 근거를 『국체의 본의』에서 찾는다. 사토는 이렇게 말한다.

우리는 지금 일본인은 누구이고 일본 국가와 사회의 특질은 무엇인지를 모르게 되어 버렸다. 어떤 국가에도 그 국가를 성립시키는 근본원리가 있다. 그것을 일본인은 '국체'라고 불렀다. (……) 애국심에 관한 논의도 헌법 개정 문제도 우리 국체에 관한 인식이 결여된 채 이루어진다면 탁상공론이고 시간낭비이다. 북한에 의한 일본인 납치문제, 북방영토 문제, 다케시마 문제, 중국 독만두 문제 등의 외교 안건을 일본이 제대로 처리할 수 없는 것도, 정치가나 외교관료가 제대로 된 국가관을 가지고 있지 않기 때문이라는 것이 나의 인식이다. 목하, 일본의 지식인들에게 중요한 것은 우리 국체를 재발견하는 것이다.

03   『일본 국가의 신수』(2009)의 표지. 띠지에는 "본래 조국 일본이란 어떠한 나라인가?" "『국체의 본의』를 알면 외교 자세도 자연스럽게 정해진다!" "중국, 한국과 삐걱거리는 지금 꼭 읽어야 할 책!"이라고 쓰여 있다.

사토는 또 이렇게 주장한다.

천황을 원점으로 하여 우리는 부름받은 집단이다. 우리 일본인들은 신의 나라의 백성이다. 다른 나라에서 우리나라처럼 신들로 이어지는 황통을 가진 사례는 없다는 것이 일본인의 신념이다. 일본에서 정권교체나 정치체제의 변경은 있어도 국체의 변경은 없다. 황통을 잃어버린 일본 국가는 일본 국가의 껍데기이고 일본인은 일본인의 껍데기가 된다. 어떤 상황에서도, 어떤 대가를 치루더라도 국체를 유지하고 계승하는 것이 일본인으로서의 길인 것이다.

그야말로 『국체의 본의』의 국가관 그 자체이다. 그 근거가 신화라는 것에 대해서도 사토는 충분히 의식적이다.

어느 민족도 그 전통을 끝까지 추적해 가면 반드시 신화에 다다른다. 일본의 경우 『고사기』나 『일본서기』에 의해 집대성된 천지개벽, 천손강림에 대한 감각을 우리 일본인이 되찾는 것이 중요하다. 『국체의 본의』는 1930년대에 우리가 일본의 신화를 재확인하고자 한 시도인 것이다. 그렇기 때문에 그 유산을 21세기에 다시 한 번 되살릴 필요가 있다고 나는 생각한다.

21세기의 일본에 신화적 국가관이 부활한다는 악몽. 그것을 현실로 만들지 않기 위해서라도 『국체의 본의』에 대한 비판적 검증이 보다 절실히 요구된다.

2017년 8월 15일 도쿄에서

다카하시 데쓰야高橋哲哉(도쿄대학 교수)

역자 해설
일본 신민족주의와 부활하는 '국체'

1. 『국체의 본의』 간행 전야

『국체의 본의』가 간행된 경위는 메이지 유신에 의해 성립된 근대 국가 일본이 다급히 밟아갔던 제국주의 팽창의 역사와 궤를 같이 한다. '국체'란 근세 막번체제의 쇄국 아래 오로지 중국과의 대비 속에서 '황국皇國'의 가치에 눈뜬 국학자들이 『고사기』와 『일본서기』 등에 실린 신화를 바탕으로 천황을 군주로 하는 제정일치 국가 전통의 우수성을 설파한 주장이었다. 이것이 메이지 유신 이후에 통일국가 체제를 뒷받침하고 국민을 창출하는 이념으로서 중요한 의의를 가지게 된다. 특히 1890년에 반포된 교육칙어에서는 '황실의 조상이 남긴 유훈'에 따라 충효에 기반한 군민일체의 가족국가로 표상되는 '국체'가 '교육의 연원'이라고 규정되었다. 하지만, '국체'라는 개념이 정치상으로 중요한 기능을 발휘해 갔음에도 불구하고 그 의미가 명확히 정의되지는 않았다. 이것은 1925년에 치안유지법이 제정되었을 때 문제가 되었다. 즉 사유재산제도 부정과 함께 '국체의 변혁'을 꾀하는 것이 형벌의 대상이 되었을 때, 정부는 '국체' 개념의 법률적 의미를 확정할 필요에 따라, 대일본제국헌법 제1조 "대일본제국은 만세일계의 천황이 이것을 통치한다"가 '국체'의 내용이라고 의회에 설명했다.

그러나 제국헌법에서는 천황을 통치권의 총괄자로 보는 한편, 그 통치권의 실제 행사에 있어서는 행정에 관한 국무대신의 '보필'이나 입법에 관한 의회의 '협찬', 사법권의 독립 등을 규정하고 있어, 다원적인 정치제도와 천황을 유일한 통치권자로 하는 개념 사이에는 애초부터 모순이 포함되어 있었다. 이 점이 헌법 해석을 둘러싼 대립을 낳은 이유였다. 즉, 첫 번째 해석은 '국체'와 '정체'를 구별하여 전자를 기본으로 함으로써 그 모순을 해소하려는 것으로, 국가의 주권의 소재는 '국체'에 있고 그 주권의 행동양식을 '정체'로 보는 천황주권설이다. 이에 대해 헌법이 정한 정치제도 전체를 '정체'로 보고 일원적으로 해석하려 한 것이 미노베 다쓰키치 등의 국가법인설 혹은 천황기관설이다. 미노베는 주권은 법인인 국가에 있고 천황은 그 국가의 최고기관이라고 설명했다. 미노베의 입장에서는 '국체'는 국민의 도덕적 신념을 표현하는 '민족정신'이지 법률상의 개념은 아니라는 것이었다. 양자 모두 천황제를 숭상했지만, 전자는 국가 주권의 절대무제한성과 신민의 절대복종을 강조한 반면, 후자는 헌법을 입헌주의적으로 운용하기 위해서는 의원내각정치가 필연적으로 요청된다고 하며 국가권력의 한계를 명확히 하여 천황제의 근대화를 꾀했다고 할 수 있다. 후자의 천황기관설(국가법인설)은 1910년대 말부터 시작된 이른바 다이쇼 데모크라시 시대의 정당정치 발달을 헌법학의 각도에서 촉진하는 역할을 하며 주류 학설로 떠올랐다.[1] 한편, 이들과는 대립하는 입장에서 1920년대에 마르크스주의자들은 이와 같은 군주제 기구를 '천황제'로 명명하고, 근대천황제 국가를 부르주아적 소유와 반봉건적인 지주 소유를 유지하는 사회경제적 기능을 하면서 서구 시민혁명의 전 단계에 해당하는 절대주의적, 전근대적인 정치체제로 비판하여 일찍이 탄압의 대상이 되었다.

그런데 쇼와 시대를 숨가쁘게 이끌어간 팽창주의의 칼바람 속에서 천황기관설도 박해를 받게 되다. 1935년이 되자, 의회에서 미노베의 천황기관설이 문제시되어 정부는 「국체명징에 관한 성명」을 내고 천황기관설을 "통치권이 천황에게 있지 않고 천황은 이것을 행사하기 위한 기관이라고 여기는 것은 완전히 세계에 유례없는 우리 국체의 본의를 왜곡한" 학설로 비난하는 취지를 명시했다. 미노베는 실각하고 천황기관설을 취하는 헌법서와 헌법강의는 모두 금지되었다. 이 천황기관설 배격으로 시작된 국체명징운동은 의회의 테두리를 넘고 학설상의 문제를 넘어, 일종의 정치운동의 성격을 띠며 널리 국민 사상에 영향을 미쳤다. 이후 국체 이데올로기는 정치제도의 다원성을 극복하고 국가의지를 통일하고 국민의 의지를 국가 목표를 향해 통합하는 의미를 띠는 것으로 국가의 전시체제를 강화하는 데에 커다란 역할을 다하게 되었다. 『국체의 본의』는 이 시기 정부의 입장을

---

1   家永三郞, 『日本近代憲法思想史硏究』, 岩波書店, 1967 참조.

대변한 서적이었다.

2. 신민교육의 결정판 『국체의 본의』

1937년 5월에 '국체'가 무엇인지를 명확히 밝히기 위해 일본 문부
성이 편찬한 『국체의 본의』는 A5판 156쪽의 책자로, 우선 30만 부가
인쇄되어 전국의 학교, 사회교화단체, 각 관공서에 배포되었다. 배포
당시 문부성은 전국 초중고교에 각 교과에서 본서의 취지와 관련된
곳을 가르치고 축일의 훈시나 강연 등에서 적당이 그 내용을 부연 설
명하도록 지시했다. 또한 정가 35센(당시 맥주 1병 값과 같다)으로 발매
도 되었는데 초판 20만 부, 재판 8만 부, 3판 10만 부가 판매되었고,
1943년 11월 말까지 약 173만 부나 발행되었다. 확실하진 않지만, 패
전 당시까지 최종적으로 300만 부 가까이 나왔다는 주장도 있다.[2] 그
배포의 범위 또한, 일본 국내뿐만 아니라 조선이나 타이완 같은 식민
지, 심지어 브라질 같은 일본인 이민자사회의 학교[3]에까지 미쳤던 것
을 고려하면, 본서가 전시하의 '국민=신민' 교육에 다한 역할은 심대
하다고 할 수 있다.

담고 있는 내용을 간단히 요약하면, 「서언」에서는 '현대일본의 사상
문제'가 논해진다. 메이지 이후 급격히 수입된 서양사상의 근저를 이
루는 세계관은 개인에 지고의 가치를 인정하고 개인의 자유, 평등을

2 阿部猛, 『太平洋戦争と歴史学』, 吉川弘文館, 1999.

3 Gauntlett, John Owen, trans., *Kokutai no Hongi*: *Cardinal Principles of the National Entity of Japan*, edited by Robert King Hall, Cambridge, MA: Harvard University Press, 1949, p.3.

주장한다. 이에, 교육칙어에서는 신민의 나아갈 방향이 명시되었음에
도 불구하고 사상적, 사회적 혼란이 초래되어 국체에 관한 근본적 자
각이 요청되기에 이르렀다는 것이다. 본서에서는 이와 같이 서양근대
사상의 근저를 이루는 개인주의를 배격하고 만고불역의 국체를 명확
히 하여 그 본의를 자각하는 것의 중요성을 설파한다. 본론은 두 부분
으로 나뉜다. 첫 번째 천황론과 신민론이 기술되어 있는 「대일본 국
체」에서는 '건국의 큰 정신' 속에 국체의 본의가 살아있으며, 일대 가
족국가인 일본에서는 신민이 천황을 섬기는 것은 "그지없이 자연스러
운 마음의 표현"이라고 한다. 이를 잇는 두 번째 「국사에 현현된 국체」
에서는 일본의 역사를 일관하여 발현된 국체의 정신 등에 대해 언급
한다. 그리고 결어에서는 공산주의, 무정부주의는 물론, 민주주의, 자
유주의도 근저에 국체에 맞지 않는 개인주의적 세계관이 있다는 점에
주의를 촉구하고 국체의 본의를 밝히는 것의 중요성을 거듭 강조했다.

　일본은 '살아계신 신인 천황이 다스리는 나라'라는 주장을 핵심으로
'국체'를 설명하는 이 텍스트에는 몇 가지 특징이 있다. 우선 그 시간
관에 있다. 「서언」에서는 국체의 본의를 밝히는 목적에 대해, "건국肇國
의 유래를 밝히고, 그 큰 정신을 천명하는 한편, 국체가 국사에 현현하
는 모습을 명시하고, 나아가 이것을 오늘의 세상에 설파하여 국민의
자각과 노력을 촉구"하기 위해서라고 한다. 이 기반에는 "영원을 나타
냄과 동시에 현재를 의미"하는 천양무궁天壤無窮, 즉 과거와 현재의 동
일시, 신화의 세계와 현실세계의 동일시를 통한 '무화된 시간' 관념이
자리잡고 있다. 이것은 우선은 천황의 시조인 아마테라스가 황손인

니니기에게 아시하라노미즈호국에 강림하여 통치하도록 명령한 신칙을 꾸미는 말이다. 이 신칙은 역대 천황들의 조칙 형태로 "국사에 현현"하며 메이지 천황의 유신의 친서, 헌법 반포 칙어, 교육칙어, 군인칙유 등을 거쳐 쇼와 천황의 즉위식 칙어 등으로까지 이어지며 오버랩된다. 이 동어반복적 서술은 황손과 역사 속의 천황들을 거쳐 현 천황을 동일시하는 역사관의 표명이기도 하다. 이러한 신화적 역사관은 "역대 천황의 국토 경영의 정신"이 이자나기와 이자나미 두 신이 천신天神 등의 명령으로 표류하는 국토를 정리하고 견고하게 한 수리고성修理固成의 대업을 연원으로 하여, 가깝게는 "일청·일러전쟁도 한국병합도, 만주국 건국에 진력하신 것"에도 드러난 것으로 규정된다. 즉 국토 탄생, 통일의 신화와 현재 타국으로의 침략행위를 동일선상에 놓는 것을 가능케 하는 시간 인식인 것이다.

그런데 본서에서 말하는 "세계만방에 유례를 찾을 수 없는" 국체는 단순한 배외적 국수보존주의를 의미하는 것이 아니다. 그것은 「서언」의 다음 기술을 통해서 단적으로 알 수 있다.

우리나라에 관한 한, 실로 우리나라의 독자적인 입장으로 돌아가, ㉮만고불역萬古不易의 국체를 천명하고 구미에 대한 일체의 추수追隨를 배제하여 능히 본래의 모습을 드러내고, 게다가 ㉯고루함을 버리고 더욱더 ㉰구미문화의 섭취와 순화에 힘써 근본을 세우고 말단을 살려, 총명하고 광량한 ㉱신일본을 건설해야 한다.

우선 ㉮에서 서구추수주의를 배격하고 고유한 국체를 밝히려는 자세가 피력되지만, 그렇다고 과거를 맹목적으로 긍정하는 것이 아니라 오랜 누습은 타파되어야 함이 ㉯에서 강조되어 있다. 그리고 ㉮를 근본으로 하여 ㉰구미의 문화를 섭취, 순화해서 ㉱새로운 일본을 건설한다는 것이 국체명징의 목적이라고 한다. 더욱이 이와 같은 신일본에 대한 비전은 과거의 '지나사상'이나 '인도사상' 등의 대륙문화 수입의 경험에서도 입증된 것이었다. 즉, 지나의 유교는 국체에 순화되어 "개인주의적이고 혁명적 요소는 탈락"한 일본유교의 건설로 이어졌고, "명상적, 비현실적, 초국가적인" 인도의 불교는 일본에 섭취된 후 국민정신에 순화되어 "현실적이고 구체적인 성격을 얻어 국가의 근본을 배양하는 데 공헌"했다는 것이다. 이러한 선례를 바탕으로 메이지 유신 이래로 수입된 서양문화도 "우리 국체를 토대로 순화시킴으로써 광대한 신일본문화를 건설"할 뿐만 아니라, "막다른 길에 봉착한 개인주의의 타개를 위해 고투하는 세계 인류"를 구하는 것이고, 그것이 일본의 "중대한 세계사적 사명"이 되는 것이다. 즉 일본 국체의 우수성은 그 영속성, 통일성, 일관성으로 드러날 뿐만 아니라 타문화에 대한 왕성한 섭취력, 순화력으로도 입증되는 것이었다. 국수주의적 배타성의 상징인 국체가 팽창주의적 확장성과 손을 잡고 있다는 것 또한 중요한 특징이라고 할 수 있다.

또한 이 텍스트가 신화적 서술을 사실로 간주하여 신화를 역사화하고 다시 역사를 신화화하는 서술방식을 취하고 있을 뿐만 아니라, 그 서술을 문학적 언어로 조직하고 있다는 점도 간과할 수 없는 중요한 특징이다. 기초자인 시다 노부요시志田延義가 일본 고전시가를 전공한 문학자였다는 사실이 단적으로 말해 주듯이, 『국체의 본의』는 논리성, 정확성보다는 동어 반복, 과장된 수사적 표현이나 주문처럼 반복되는 비슷한 서술을 통해 감정에 호소하는 문체를 취하고 있다. 특히 천황에 대해 충군의 정을 표명한 『만엽집』 이하 고래의 시가집에 실린 시가와 천황 스스로가 읊은 시가의 증답은 정치적 언명의 논리적 언어를 훨씬 능가하는 힘을 가지며 군신의 유대를 형성한다.[4] 메이지 유신 이래로 '위로는 천황으로부터 아래로는 신민에 이르기까지' 함께 읊는다는 '국민시가'로 자리잡은 와카和歌의 공동성은 군민일체의 환상을 정서적으로 뒷받침했다. 추상적인 정신주의로 일관했던 전시총동원체제는 다수의 공감을 담보하는 힘을 가진 문학적인 언어를 동원했던 것이다.

결국, 살아있는 신인 천황이 천양무궁의 신칙을 계승하는 만세일계의 황통과 이에 대한 신민의 변함없는 충성이라는 일본의 고유한 국체가 세계를 '순화'시킨다는 팽창주의적 욕망을 문학적인 언어로 표현하여 신비적인 효과를 내면서 감성에 호소하고자 했던 텍스트가 『국체의 본의』였다고 할 수 있다.

3. 현해탄을 건넌 『국체의 본의』

앞에서 언급한 바와 같이 『국체의 본의』는 현해탄을 넘어 조선에

4　菅聡子, 『女が国家を裏切るとき: 女学生、一葉、吉屋信子』, 岩波書店, 2011, 267-274쪽.

도 들어온다. 이미 병합 이후 1911년에 반포된 '조선교육령'에는 제
2조에서 조선의 교육은 "교육칙어의 취지에 기초하여 충량한 신민
을 육성하는 것을 본의로 한다"고 규정하여, 국체 이데올로기의 주입
이 식민지교육의 핵심 목표임을 천명했다. 하지만 식민지 지배를 염
두에 두지 않고 단일민족주의에 기초해 작성된 교육칙어의 국체관을
주입하는 것은 쉬운 일이 아니었다. 저항하는 조선인들에게 1920년
대 후반의 국체 이데올로기의 극단적인 강화는 국체를 중심적인 법
적 개념으로 규정한 치안유지법이라는 사상탄압으로 각인되었다. 이
때 조선독립운동은 치안유지법에 의한 처벌 대상이 되었던 것이다.
그리고 충군애국의 공허한 국체 이데올로기가 청일전쟁이나 러일전
쟁의 승리로 명료하게 국민적 의식으로 뿌리내렸다고 판단했던 통치
자들은 1930년대 전시기에 돌입하면서 식민지 조선의 동원 이데올
로기로 국체를 강조해 갔다. 30년대 중반부터 조선에서도 국체명징
운동이 강화되었고, 특히 『국체의 본의』 간행 이후에는 조선에서도
총동원체제가 구체화되면서 내선일체를 강조하는 황민화운동과 국
체 이데올로기가 강요되었다.

그런데 식민지 조선에서 국체 이데올로기가 철저하게 강화된 것
은, 1942년 5월에 도조 히데키東條英機 내각이 내린 조선에서의 징병
제 실시 결정과 함께 제9대 조선총독으로 임명된 고이소 구니아키小
磯國昭가 부임하고부터였다. 그의 전임자였던 미나미 지로南次郎는 중
일전쟁중인 1938년에 조선교육령을 개정하여 3대 교육강령으로 '국
체명징' '내선일체' '인고단련'을 내걸고 황민화 교육에 박차를 가하며

조선에서 지원병제를 실시했다. 고이소는 이를 이어받아 징병제도 시행준비위원회를 설치하고 징병제 실시를 선전하며 1944년 징집을 준비해 간다. 그 사상적 기반으로 강조된 것이 '국체의 본의'였다. 고이소는 1942년 6월에 유고諭告를 발해 다음과 같이 언급했다.

그런데 반도의 융성과 성전聖戰 목적 완수를 위해 필수불가결한 요소인 국체의 본의의 철저에 있어서는 조야朝野가 아직 충분하지 않은 감이 있다. 특히 반도 서민의 실상에서 그러함이 인정된다. 원컨대 성칙聖勅에 따라 더욱더 국체의 본의에 철저하고 황국신민 된 자각을 철저히 향상하여 내선일체의 귀추를 결코 헛된 형식적 동조에 빠뜨리는 실수가 없기를 바라며, 유일한 길인 천양무궁의 황운을 삼가 부익扶翼하는 결실을 맺지 않으면 안 된다. 이와 같은 것은 단지 반도 동포 스스로 그 광영 있는 장래를 개척하고 향상하기 위함일 뿐만 아니라, 광위 있는 대동아 경륜經綸의 현현에 참가하는 길이다.

요는, 1944년부터 조선에 징병제가 실시될 수 있도록 국체의 본의에 철저한 진정한 황국신민을 연성해야 하며, 조선인은 황국신민이 되어야만 대동아공영권의 지도자가 될 수 있다는 것이다. 이에 따라 총독부는 각 학교에 국체의 본의의 철저를 기할 시설을 갖추도록 했다. 예를 들어 당시 평양사범학교 부속 국민학교에서는 3대 교육강령을 교훈으로 하고 직원조례에서는 신전 예배와 함께 『국체의 본의』를 윤독했으며, 수련행사로 매월 1회 실시하는 강당 수신에서는 주사가 『국체의 본의』를 중심으로 훈화했다고 한다.[5] 1941년에 국민학교령이 발해지고 조선어 과목이 완전히 폐지된 후이기 때문에 국체의 본의 철저를 기하기 위한 시책들은 전부 일본어로 행해졌다. 교육칙어의 경우에는 1911년 조선교육령 반포 시에 조선어 번역본이 만들어져 배포되었다고 하지만,[6] 『국체의 본의』 번역본은 없는 이유일 것이다.

그런데, 1944년에 조선유도연합회朝鮮儒道聯合에서 『국체명감國體明鑑』이라는 조선어 텍스트가 간행된다. 당시 경성제대 명예교수였던 다카하시 도루高橋亨와 후지쓰카 지카시藤塚鄰, 같은 대학 예과 교수였던 기타 신로쿠喜田新六가 집필하고 감수한 것을 조선인들이 번역해서 출판한 것이다. 고이소 총독이 제자題字를 쓰는 등 공적인 성격이 강한 저서이다. 다카하시가 서문에서 밝힌 이 저서의 간행 이유는 이렇다. 조선이 황국 일본에 귀속한 이래로 내지인과 동고동락하며 1억 동포가 구별 없이 살아 왔고, 조선인도 "우리 국체라는 기초공사 우에 건축된 일가의 식구이며 가족"이지만, 교화가 아직 지방에까지 미치지 못하고 있다. 특히 지방에서 영향력을 행사하는 유림들은 "황국 국체 관념의 천명"에 유감이 적지 않다. 이것은 비상시국에는 중대한 결함이 되므로 조선문으로 숙독하고 음미할 기회를 주어야 한다는 것이었다. 내용상으로는 「肇國과 國體」와 「國史에 잇는 國體의 顯現」의 두 부분으로 되어 있어 『국체의 본의』와 상당 부분 겹쳐 그 유사본 중의 하나라고 할 수 있지만, 『국체의 본의』가 '국사에 현현한 국체'의 사례로 쇼와 천황의 즉위식 칙어로 끝난 데 비해, 『국체명감』은

---

5 「我が校の国体の本義徹底施設」, 『文教の朝鮮』, 1942년 8월호.

6 윤해동, 「'국체'와 '국민'의 거리: 탈식민시기의 식민주의」, 『역사문제연구』 15, 2005, 68쪽.

04   『국체명감』(1944) 「二, 國史에 잇는 國體의 顯現」, 「事變下에 在한 朝鮮의 狀態」 중에서(134면).

내용을 추가하여 '대동아전쟁' 시기인 1941년 12월의 선전의 조서까지 담고 있다. 이 저서가 총력전체제 하에 조선인들을 전력으로 동원할 목적으로 쓰였다는 것은 명확하다. 그 외에도 메이지 천황의 한국병합 조서 등, 조선과 관련된 내용이 많이 추가되었는데, 교육칙어나 『국체의 본의』에 보이지 않는 것 중에는 다음과 같은 기술이 있다(원문은 국한문혼용체로, 현대 한국어 정서법에 맞춰 수정했다).

우리 국민은 조국肇國 이래로 종가宗家 황실皇室 하에서 일치단결하여 국운 발달에 진력하여 온 것인데, 그러나 고래로 결코 단일한 종족은 아니다. 옛적

에 도호쿠東北 지방의 에미시蝦夷, 규슈九州 지방의 구마소熊襲가 있고 또 지나支
那며 조선반도로부터도 많은 귀화인이 도래하였다. 그리고 국민의 선조는 이
런 사람들을 제외하며 배척함이 없이 이를 맞아들여서 한 국민으로 융합하여
버렸다. 이런 사람들도 또한 용이容易히 우리에게 동화하여 서로 다 같이 황실
을 종가로 봉대奉戴하여 천황의 치화治化에 욕욕하여 충성을 다하여 일본국민
으로 되어 버린 것이다.[7]

　일본이 결코 단일민족국가가 아니라 예로부터 다민족국가였으며,
귀화한 민족들은 황실을 받들고 천황에 충성하여 일본에 융합된 일
본국민이 되었다는 것이다. '동화'나 '융합'이라는 말에서는 국수주의
적인 '국체' 이데올로기의 팽창주의적 성격이 투영되어 있음을 알 수
있다. '치화治化'라는 말에서는 천자의 덕이 사방에 미쳐 이민족들을
감복시키는 유교의 천자상이 겹쳐져 있다. 조선인들에게 국체란 맹
목적인 정신주의 이외에 유교사상을 원용해서 설명되어야만 했던 것
이었음을 알 수 있다.

4. 일본재생전략과『국체의 본의』의 부활

　일본은 제2차 세계대전에서 패배하고 1945년 8월 15일에 쇼와 천
황은 종전의 조칙을 발표한다. 알려진 바와 같이 그 조칙에 담겨 있
는 "국체를 호지護持할 수 있어서" 전쟁을 종결한다는 의미도 '천황의

7　高橋亨·喜田新六,『國體明鑑』, 朝鮮儒道聯合, 1944, 153면.

05 1945년에 간행된 영역판
『국체의 본의』의 표지

국가통치의 대권'에는 변경이 없다는 취지였다. 이것은 명백히 국민주권 사상과 모순되는 것이다. 그러나 그 이듬해에 신헌법이 제정되어 국민주권 이념이 제도화되자 국체 관념도 유효성을 상실했다. 그 무렵부터 이 말도 일반적으로 사용되지 않게 되었고, 대신에 천황제라는 말이 시민권을 얻어 갔다. 『국체의 본의』는 1945년 12월 15일 GHQ의 '신도지령'에 의해서 배포가 금지되었다. '신도지령'은 국가신도를 폐지하고 정교의 철저한 분리를 명한 것인데, 그와 관련하여 점령당국이 특히 『국체의 본의』에 주목하여 금서로 지정한 이유는 무엇일까.

그 이유는 1949년에 간행된 『국체의 본의』 영역판 *Kokutai no*

*Hongi: Cardinal Principles of the National Entity of Japan*의 서문에 잘 드러나 있다. 이 영역판의 번역자 존 오언 건틀릿John Owen Gauntlett은 영국 출신 일본 귀화 선교사와 일본인 어머니 사이에서 태어나 패전 당시 점령사령부에서 근무하던 통번역요원이었고, 영어판 감수자 로버트 킹 홀Robert King Hall은 1945년 봄부터 민사요원주둔소에서 교육국장으로 일본 점령 후 교육 통제에 관한 사전 준비 임무를 담당했고, 11월에는 GHQ의 민간정보교육국 교육과장으로 부임하여 '신도지령'에 실질적으로 관여한 것으로 보인다. 홀이 작성한 장문의 서문을 참조하면, 그는 이 서적의 정치교육정책에서의 중요성을 인식하고 1945년 초부터 초역을 추진하게 되었고, 그것이 '신도지령'에서의 금서 지정으로 이어진 것으로 보인다. 건틀릿의 완역이 우여곡절 끝에 출판된 것은 1949년이었다. 그는 미군정의 국가신도 해체라는 종교정책의 합리성을 설명하고자 『국체의 본의』를 번역했으며, 이 저서는 "명백한 선전선동으로 매우 난삽한 언어로 쓰인 고대 신화에 의거한 천황가의 계보"이며 패전 이전 일본의 수신 과목의 주요 교수지침서로, "일본의 군사정복과 완전한 패배의 몰락의 이정표"라고 규정한다. 즉 일본의 군국주의 청산을 위해 그 정신세계의 이해를 돕고자 역서를 내게 되었다는 것이다.

그의 서문에서 흥미를 끄는 곳은 히틀러의 『나의 투쟁Mein Kampf』 (1925)과 『국체의 본의』를 비교하는 부분이다. 홀에 따르면, 나의 투쟁은 개인의 사적인 철학을 담고 있는 반면, 국체의 본의는 공식적인 국가정책 성명이었다. 또한 히틀러의 고대 게르만 신화로의 도피는 그의 정치사상에서 결코 필수적인 부분은 아니었고, 그의 정복 계획이나 선전선동은 현실적이었고 감정에 치우치지 않고 과학적이었다. 하지만, 『국체의 본의』는 대부분의 일본인들이 건국신화에 대해 진지하게 갖고 있는 사상의 문학적 표현이다. '똑똑한' 일본인들이 그런 선전선동을 믿지 않을 것이라는 주장은 공허하다. 정치적이고 지적인 일본의 지도자들의 대부분이 천황의 절대성과 만세일계의 황통을 진지하게 믿고 있다. 그것은 이성이나 얄팍한 선전선동에서 나온 것이 아니라 종교적 신념에 기초해 있다고 한다. 이에 따라 미군정은 이러한 국가신도를 폐지하고 천황을 여러 종교 중 하나인 신도신앙의 최고 사제로 재규정함으로써 군국주의 해체의 기반을 만들었다는 것이 당시 홀의 인식이었다.

하지만, 패전의 기억은 그리 오래 가지 않았다. 메이지 유신 이래의 부국강병의 슬로건이 총력전체제로 귀결되었다가 몰락을 맞았던 근대 일본은, 고도경제국가 건설의 외침 속에서 자기긍정의 역사를 되찾아 갔던 것이다. 체제의 자기긍정의 도도한 흐름은 거침없었고 그와 함께 국체 이데올로기도 부활의 서사를 쓰기 시작했다. 하지만 경제성장의 신화는 자취를 감추기 시작했고 그 끝에 후쿠시마 원전 사고가 있었다. 그런데도 지금의 일본 주류사회는 헌법 개정을 통해 내부의 위기를 외부로 돌리며 국민을 하나로 묶어 전쟁할 수 있는 국가를 향해 돌진하고 있다. 그 소용돌이 속에서 지금 『국체의 본의』가 소환되고 있다. 그 단적인 예로, 현재 일본 최대의 극우단체이자 극우정권의 후원단체인 일본회의는 국체 이데올로기를 자신들의 사상

기반으로 삼고 있다. 이 단체가 웹사이트에 내건 구체적인 목표는 '아름다운 전통의 국민성을 내일의 일본으로'이며 그 구체적인 내용은 "황실을 경애하는 국민의 마음은 천고의 옛날부터 변함이 없다" "125대라는 유구한 역사를 쌓으며 연면히 이어온 황실의 존재는 세계에 유례를 찾을 수 없는 우리나라의 자랑할 만한 보물이라고 해야 할 것입니다. 우리 일본인들은 황실을 중심으로 동일한 민족으로서의 일체감을 품고 국가 건설에 힘써 왔습니다"라고 밝히고 있다. 바로 『국체의 본의』의 세계관이다.

교육칙어 강조나 팔굉일우 같은 국체 이데올로기에 찌든 표현의 거리낌 없는 사용이나 전쟁을 위한 헌법 개정이나 히틀러 찬양을 반복하는 일본 극우정권의 모습을 보면, 확실히 지금 일본은 1930년대에 스스로의 정체성을 찾으려고 바쁘게 역방향으로 달려가고 있는 것처럼 보인다. 1930년대란, '다이쇼 데모크라시'로 대표되었던 민본주의, 자유주의, 개인주의, 공산주의 등의 다양한 근대의 담론들을 배척하고 신화적 국체관을 국가 공인 사상을 폭력적으로 확정하고, 이것을 "세계 신질서의 기본이념"으로 삼아 전쟁으로 내달린 시대이다.

지금 망각되었던 『국체의 본의』가 부활하려고 한다. 그리고 우리는 그것을 번역하여 한국사회에 소개한다. 과거에 한번 조선 땅을 밟았던 『국체의 본의』가 어떠한 텍스트인지 한국의 독자들에게 알리는 것은 일본 연구자들의 의무일 것이다.

임경화 (연세대학교 연구교수)

역자 후기

『국체의 본의』의 현재성에 대하여

잘 알려진 바와 같이 1945년 7월 26일 포츠담선언이 공표되었고, 일본이 이를 수락하고 전쟁에 항복한 것은 8월 15일이다. 3주간 동안 일본이 이 선언을 수락하지 않은 것은 연합국 측으로부터 '국체 수호의 약속'을 받아내기 위해서였다. 이 약속을 받아내기 위해 버티는 사이에 히로시마와 나가사키에 원자폭탄이 투하되었고, 인류 역사에 기록될 비극이 벌어졌다. '국체'가 무엇이기에.

"국체를 변혁하고 또는 사유재산제도를 부인할 목적으로 결사를 조직하고 또는 여기에 가입하는 자는 15년 이하의 징역 또는 금고에 처한다"는 내용의 '치안유지법'은 제국주의 일본의 사상을 검증하는 가장 유력한 수단이었다. 1925년에 제정, 시행된 이 법은 1941년에는 "조직을 준비하는 것을 목적으로 하는 결사(준비 결사) 등을 금"하는 규정이 새로 만들어졌다. 경찰에 의해 '준비 행위'를 했다고 판단되면 검거가 가능했던 것이다. 윤동주가 일본 후쿠오카형무소에서 생을 마감한 것도 '치안유지법' 위반이라는 죄명이었고, 이 법에 의해 조선에서만 45명이 사형 집행되었다고 한다. '국체'의 변혁이 무엇이기에.

일본의 패전 후 일본 내에 남아있던 재일조선인(당시 국적은 일본)으로부터 참정권을 박탈할 때에도, "200만 명이나 되는 재일조선인의 선거권을 그대로 인정하면 적어도 10명 정도의 당선자가 나올 텐데 그렇게 되면 다음 선거에서 천황제 폐지를 주장할지 모르니 미리 선거권을 정지해야 한다"는 이유를 들었다고 한다. 참정권은 민주주의사회, 특히 대의민주주의사회에서는 생존권과도 연결되는 가장 기본적인 인권인데, 이러한 이유로 그 권리를 빼앗겼고, 그 후 일본에 남아있는 재일조선인(2016년 12월 현재 485,557명)은 현재도 참정권이 없는 상태로 다양한 차별 속에서 살고 있다. '천황제'가 무엇이기에.

'국체'는 곧 '천황제'를 가리킨다. 그냥 '천황'이 존재하는 제도가 아니라, 그 천황은 '만세일계의 천황'이며 '살아있는 신'으로, 그런 천황이 일본을 세세대대로 통치한다는 사상이다. 그러나 일본의 역사를 조금만 들여다보아도 이 사상이 얼마나 허구인지를 알 수 있다. 천황이 실제로 권력을 장악한 것은 『국체의 본의』에서도 인정하고 있듯이, '다이카 개신'(645년), '겐무의 중흥'(1334년), '메이지 유신'(1868년)이 단행되었던 시절뿐이다. 나머지 기간은 유력한 호족이나 귀족 혹은 무사가 통치하는 시대였다. 그 기간을 본서는 "황송하게도 황실이 쇠퇴한 동안"이라고 서술하며 그 기간에도 "천양무궁의 황운은 미동도 하지 않았다"고 한다. 이러한 '사실' 때문에 더욱 집요하게 본서는 시작부터 끝까지 무턱대고 "대일본제국은 만세일계의 천황이 황조황종의 유훈을 받들어 통치하신다. 이것이 만고불역의 국체이다"를 반복하고 있는지 모르겠다.

각론은 더욱 문제적이다. 일체의 개인주의와 민주주의를 배격하고 "조화는 우리나라 건국의 대업에서부터 시작되어, 역사 생성의 힘인 동시에 일상과 불가분한 인륜의 도리이다. 조화의 정신은 만물이 서로 융합하면서 이루어진다. 사람들이 끝까지 자기를 주인으로 삼아 사적인 것을 주장할 경우에는 모순과 대립만 있고 조화는 생기지 않는다. 개인주의에서는 이와 같은 모순과 대립을 조정하고 완화하기 위한 협동, 타협, 희생 등은 있을 수 있어도, 결국 진정한 조화는 존재하지 않는다."(본서 69쪽)며 천황을 정점으로 하는 '조화'를 강조하고, "주종主從 간에는 은혜와 의리로 결합되어 있으면서 그것이 은의를 넘어 몰아沒我의 정신이 되고, 죽음을 보기를 마치 집으로 돌아가는 것처럼 여겨 죽음을 두려워하지 않기에 이르렀다"(본서 126쪽)며 이것이 일본의 국민도덕의 현저한 특색이라고 주장한다. 또한 일본 불교의 특색이라며 "천태종이 초목 국토도 모두 불성佛性을 갖고 범부凡夫도 깨달음이 있으면 부처가 된다고 하여 중생에게 해탈에 이르는 길을 설파하는 점에서, 아마테라스 대신을 중심으로 하는 신기숭경神祇崇敬 및 귀일몰아歸一沒我의 정신, 일시동인一視同仁, 중생과 함께 조화를 이루는 마음과 서로 통하는 점이 있음을 본다."(본서 128쪽)고 하고, 전쟁에 대해서는 "전쟁은 결코 남을 파괴하고 압도하고 정복하기 위한 것이 아니고 도리에 따라 창조의 역할을 하고, 큰 조화 즉 평화를 실현하기 위한 것"(본서 71쪽)이라고 한다. 이렇듯 이성적으로는 납득하기 어려운 주장들로 일관하는 것은, '국체' 자체가 허구(신화)를 바탕으로 한 사상이기 때문이리라. 그런 의미에서 서경식 선생님께서 추천사에서 언급한 것처럼 『국체의 본의』가 요구하는 것은 '이해'가 아니라 '귀의'라는 지적에 전적으로 공감한다.

그런데 이런 황당무계한 '국체'가 위에서 언급한 사례들처럼 많은 개인과 국가에 씻을 수 없는 상처를 입혔고, 그 상처는 지금도 여전히 진행 중이다. 원폭 피해자의 고통도 여전하고, 강제징용자, '위안부' 피해 할머니들의 고통도 여전하고, 일본에 사는 재일조선인의 차별과 고통도 여전하다. 여전히 진행 중인 것은 이러한 '상처'만이 아니다. 이 황당무계한 국체 사상 역시 여전하다.

기존의 역사교과서를 '자학사관'이라 규정지으며 1996년에 결성된 '새로운 역사교과서를 만드는 모임'이 출간해서 일본 내에서 뿐 아니라 한국, 중국 등 주변국에까지 큰 논란을 불러일으켰던 『새로운 역사교과서』에는 다음과 같은 기술이 있다.

메이지 유신은 혁명이었다고 할 수 있을까. 만일 서양식 혁명이었다면 시민이 귀족을 타도한다. 일본사에 빗댄다면 상인이나 장인이 무사를 타도하는 일이 일어났을 것이다. 혹은 하급무사가 상급무사의 지위를 빼앗는 분규가 일어났을 것이다. 그러나 상인, 장인 중에 폭력혁명을 생각하는 자는 없었다. 하급무사들은 번의 의사 통일을 도모하며 엄숙하게 일을 진행했다. 일본의 독립

과 명예를 지키는 것이 당시의 일본인에게 부과된 명제였다.(208쪽)

천황을 중심으로 "전체 안에서 본분으로 존재하고, 이 본분에 상응하는 행위를 통해 일체를 지키는 커다란 조화"를 강조하는 '국체' 사상에 다름 아니다. 또한 이런 기술도 있다.

러일전쟁은 일본의 운명을 건 장대한 국민 전쟁이었다. 일본은 이 전쟁에서 승리하여 자국의 안전보장을 확립했다. 근대국가로 태어난 지 얼마 되지 않은 유색인종 나라인 일본이 당시 세계 최대의 육군대국이었던 백인 제국 러시아에 승리한 것은, 전 세계에서 억압받는 민족에게 독립에 대한 더할 수 없는 희망을 주었다.(223쪽)

이 기술은 "우리의 무武는 만물을 살리려는 무이며 파괴의 무가 아니다. (……) 전쟁은 도리에 따라 창조의 역할을 하고, 큰 조화 즉 평화를 실현하기 위한 것"이라는 '국체' 사상이 연면히 이어지고 있음을 나타내는 것이다. 이 교과서는 2001년 발행 당시 교육계가 크게 반발하여 채택률이 0.034%였지만, 일반 대중을 위한 시판본이 70만 부 이상 판매되어 사회적으로 큰 반향을 일으켰다. 교과서 채택률은 2009년에 1.7%, 2011년에 4%대, 2015년에 6%대로 상승하고 있다. '새로운 역사교과서를 만드는 모임' 등 관련 단체들은 이 채택률을 10%까지 끌어올리겠다고 장담하고 있다.

그뿐만이 아니다. 본서의 「해설」에서 다카하시 데쓰야 선생님도 언급한 것처럼 2000년 5월 15일의 모리 요시로森喜朗 당시 수상의 "일본은 신의 나라"라는 발언이 사회적으로 큰 파장을 불러일으켰는데, 그 논란이 일자 같은 해 7월에 가지 노부유키加地伸行 편저의 『일본은 '신의 나라'가 아닙니까?』(小学館)라는 책이 간행되었다. 이 책은 제1부에서 「'신의 나라' 발언 사건」을 시작으로 제2부에서는 「'신의 나라'와 일본인」, 「'신의 나라' 발언에 귀를 기울이자」, 「지금이야말로 21세기 일본의 아이덴티티를 찾을 좋은 기회다」, 「시대의 '마음'을 표현한 수상의 발언」, 제3부에서는 「'신의 나라'와 일본: 일본은 천황을 중심으로 한 신의 나라다. 여기에 이의를 제기할 근거는 어디에도 없다」, 「신의 나라와 헌법」, 「'일본은 일본'이라고 주장할 수 있는 건전한 애국심 육성이 시급하다」 등의 글이 실려 있다. 이것이 2000년의 일인 것이다. 전쟁 시기의 일이 아닌 2000년의 언급이고, 글이라는 사실에 아연해질 따름이다.

　2001년에 취임한 고이즈미 준이치로小泉純一郎 수상은 국민적 지지율을 등에 업고 일본 패전일인 8월 15일에 야스쿠니 신사 참배를 공약하는 등, 그동안 가까스로 유지되던 최소한의 자제와 양식良識이 순식간에 허물어졌다. 급기야는 2009년에 출간된 사토 마사루佐藤優의 『일본국가의 신수: 금서 「국체의 본의」를 해독하다』를 필두로, 1945년 12월 15일 GHQ에 의해 '금서'로 지정된 이후, 언급되는 일조차 드물었던 『국체의 본의』가 봉인 해제라도 된 듯이 다양한 해설서, 현대어 번역판, 관련 저서 등의 형태로 서점의 베스트셀러 코너를 장악했다. 이 흐름에 편승해 출판, 미디어 등은 앞 다투어 자극적인 표현으로 증오, 혐오를 부추기고, 메이지나 쇼와 시대에 대한 향수를 부추기며 '강한 일본'을 당당하게 주장하기에 이르렀다. 그 연장선상에서 "천황은 일본국의 상징이고 일본국민 통합의 상징이며"로 시작하는 현행 헌법을 "천황은 일본국의 원수이고, 일본국 및 일본국민 통합의 상징이며"로 개정하는 자민당의 헌법개정초안이 발표되고(2012년 4월), 금년(2017년) 3월 31일에는 일본의 국무회의에서 "헌법이나 교육기본법에 위배되지 않는 범위에서"라는 전제가 있지만 「교육칙어」를 학교교육에서 가르치는 것을 허용하고, 6월 15일에는 테러대책법안(일명 공모죄)이 국회에서 처리되는 등, 80년 전의 『국체의 본의』의 망령이 다시 살아나는 듯하다. 아니, 이런 현실을 마주하고 보니 그 '망령'은 줄곧 진행형으로 오늘날에 이르고 있다는 것이 진상에 가깝다는 생각이 든다. 『국체의 본의』는 '과거'의 텍스트가 아닌 것이다.

그런 의미에서 본서의 번역은 '과거'의 역사를 재조명하고자 함이 아니라, 현재 일어나고 있는 일본 사회의 여러 모순이 맞닿아 있는 지점을 찾는 작업이라 할 수 있다. 또한 일본의 미래를 고민하고자 함이다.

그런데 이런 모순은 비단 일본 사회만의 모습이 아니다. 비록 '천황제'는 없지만 일제강점기를 거친 한국사회에도 전체주의사상이 만연해 있다. 특히 한국전쟁과 분단이라는 특수한 상황이, 어떤 모순도 수용해버리는, 대를 위해 소는 당연히 희생되어야 하는, 뭉치면 살고 흩어지면 죽는 사회를 만들어버렸다. 얼마 전 어떤 국회의원이 아르

바이트 노동자가 사장에 월급을 떼여도 노동청에 고발하지 않는 것
이 '공동체의식'이라는 발언을 해서 큰 논란을 일으켰다. 본서가 말하
는 '조화和' 사상과 다르지 않다. 눈과 귀를 의심케 하는 이 발언에 전
체주의를 떠올린다면 지나친 비약일까. '집안을 위해', '회사를 위해',
'국가를 위해' 개인은 희생되어야 한다는 생각은 어디서부터 시작된
것인지, 그 근원은 어디에 있는지에 대해서 생각해보는 계기가 되었
으면 한다. 참고로 본서는 초판이 30만부, 패전까지 약 200만부가 발
간되었고 관련 해설서 등도 50여 종이나 출간되었다. 출간 이듬해인
1938년 3월 말까지 타이완에서 5천부, 조선에서 3천부가 판매되었다.
교육 관계자는 물론 학생들의 필독서였고, 공무원 시험 등 모든 시험
에서 사상을 검증하는 수단으로 사용되었다.

　본서의 한국어 번역에는 여러 어려움이 있었다. 특히 본서의 독자
를 연구자를 대상으로 할 것인지 일반 독자를 대상으로 할 것인지에
대한 고민이 컸다. 연구자를 대상으로 한다면 『고사기』, 『일본서기』
등의 인용문, 신들의 이름이나 전문 용어를 그대로 옮겨도 되겠지만,
그럴 수만은 없었다. 일본 사상이나 천황제에 관심이 있는 학생들도
있을 테고 일반 독자들도 염두에 둔 번역을 하고자 했다. 그래서 가
급적 쉽게 풀어서 번역하고자 노력했다. 그 과정에서 원전의 의도가
그대로 전달되지 않은 경우도 있었으리라 생각한다.

　예를 들어 오늘날 사극에서나 등장하는 '짐朕'이 1937년도 문장에
서 반복해서 사용되고 있는 것을 한국의 독자들은 어떻게 받아들일

지 고민이 있었는데, 그 당시 일본 국민에게(현재도 엄연히 존재하지만) 천황은 '짐朕'이고 그것이 바로 일본의 '국체'이기 때문에 다소의 위화감을 감수하고 '짐朕'으로 번역하기로 했다. 또 '신의 나라'답게 끊임없이 등장하는 장황한 신의 이름들을 그대로 다 쓰면 가독성이 떨어지는 문제가 있었는데, 그렇다고 함부로 줄일 수도 없었다. 그래서 신의 이름에 붙는 경칭인 '미코토尊'를 '님'으로 줄이는 등의 방법을 사용할 수밖에 없었다. 이뿐만이 아니다. '건국'의 의미로 사용하고 있는 '조국肇國'은 일본의 건국 사상을 나타내는 상징적인 단어다. 『국체의 본의』에는 '조국'이 56회나 등장한다. 나라를 세운다는 의미의 '건국'이 아니고 '비롯하다', '시작하다'라는 의미의 '조국'을 일관되게 사용하는 것은, 일본은 '천손강림'으로 인해 '신화적으로 자연발생적으로 시작된 나라'라는 사상으로, 전쟁이나 독립 투쟁 등에 의한 '건국'과는 다르다는 사상이다. 그러나 번역에서 한자를 일일이 병기하는 것도 지면 관계상 쉽지 않고, 설령 병기를 한다 해도 읽는데 번거로움을 더할 뿐이라 판단해 '건국肇國' 등으로 번역하면서도 '조국肇國'의 의미도 전달하기 위해 최대한 노력했다. 그러나 미진한 부분도 많이 있으리라 생각한다. 독자들의 진지한 조언을 구하고자 한다.

　본문의 번역은 형진의가 1차로 전문을 번역했고, 임경화가 각주를 달며 2차 번역을 했다. 그 후 검토와 수정 작업은 수차례 돌려보며 함께 진행했다. 추천사와 해설, 자료도 각각 나눠 번역하고 최종적으로는 함께 검토와 수정을 거쳤다. 따라서 본 번역에 대한 책임은 번역자 두 사람에게 있음을 밝혀둔다.

또한 본서의 원문은 아래의 사이트에 접속하면 손쉽게 볼 수 있으므로, 관심 있는 독자들에게 참고가 되기를 바란다.

— 일본 국립국회도서관 디지털 컬렉션(国立国会図書館デジタルコレクション)

　http://dl.ndl.go.jp/info:ndljp/pid/1219377

— 일본 J-TEXT 일본문학전자도서관(日本文学電子図書館)

　http://www.j-texts.com/sheet/kokutai.html

— 한국 국립중앙도서관 온라인 원문 보기

　http://viewer.nl.go.kr:8080/viewer/viewer.jsp

본서의 번역은 히토쓰바시대학의 이연숙 선생님의 제안으로부터 시작되었다. 2010년 무렵이라고 기억되는데 어떤 심포지엄에서 『국체의 본의』에 대한 언급과 함께 영어번역은 1949년에 나왔는데 한국어 번역이 나오지 않은 것에 대한 아쉬움을 표명한 것이다. 텍스트로서의 가치나 그 의미에 대해서는 익히 알고 있던 터라 큰 고민 없이 번역을 시작했다. 그러나 2011년에 시작한 번역의 진행은 생각 같지 않았고, 무엇보다 출판사를 찾기가 쉽지 않았다. 몇몇 출판사에 원고를 보냈지만 내용의 난해함, 장황한 신들의 이름과 지명으로 인한 읽기 어려움 등으로 난색을 표했고, 무엇보다 이 모든 것을 극복하고 번역, 출간해야 하는 이유에 대해 출판사의 납득을 얻을 수 없었다.

오래 묵혀두었던 번역이 이렇게 출간될 수 있었던 것은 이연숙 선생님의 도움이 있어서 가능했다. 히토쓰바시대학 한국학연구센터 번역총서로 출간해 주신 것이다. 이연숙 선생님과 이규수 선생님께 진심으로 감사드린다.

그리고 대학의 업무와 집필 활동, 게다가 건강도 좋지 않으신 상황에서 기꺼이 추천사를 써 주신 도쿄경제대학의 서경식 선생님과 해설을 써 주신 도쿄대학의 다카하시 데쓰야 선생님께도 진심으로 감사드린다.

형진의(한남대학교 교수)

자료

「5개조의 서문」(메이지 원년[1868] 3월 14일)

하나, 널리 회의를 일으켜 국정을 만사 공론으로 결정한다.

하나, 신분의 상하에 관계없이 마음을 하나로 하여 왕성하게 경론
     経綸을 행한다.

하나, 문관과 무관은 물론 서민에 이르기까지 각자의 지향하는 바
     를 달성하고 인심을 게으르게 하지 않는 것이 중요하다.

하나, 구래의 누습을 깨고 천지의 공도公道에 기초한다.

하나, 지식을 세계에 구하여 크게 황기皇基를 진기振起한다.

우리나라는 미증유의 변혁을 이루고자 짐이 친히 신민에 솔선하여
천지신명께 맹세하여 크게 이 국시를 정하여 만민을 보전할 도리를
세우고자 한다. 신민도 이 취지에 따라 마음을 합쳐 노력하라.

「교육에 관한 칙어(교육칙어)」

　짐이 생각건대 우리 황조황종이 나라를 시작하신 것은 넓고 멀며, 그 덕은 깊고 두텁다. 우리 신민이 능히 충과 효로 억조만민이 마음을 하나로 하여 대대로 훌륭히 행한 것은 우리 국체의 정화이며, 교육의 연원 또한 실로 여기에 있다. 너희들 신민은 부모에 효도하고 형제에 우애하며, 부부가 서로 화합하고 붕우가 서로 신뢰하며, 스스로 삼가 절도를 지키고 박애를 여러 사람에게 끼치며, 학문을 닦고 기능을 익힘으로써 지능을 계발하고 훌륭한 인격을 성취하며, 나아가 공익에 널리 이바지 하고 세상의 의무를 넓히며, 언제나 국헌을 무겁게 여겨 국법을 준수해야 하며, 일단 국가에 위급한 일이 생길 경우에는 의용義勇을 다하며 공을 위해 봉사함으로써 천지와 더불어 무궁할 황운皇運을 부익扶翼해야 한다. 이렇게 한다면 너희들은 짐의 충량한 신민이 될 뿐만 아니라 족히 너희들 선조의 유풍遺風을 현창顯彰할 수 있을 것이다.

　이러한 도는 실로 우리 황조황종의 유훈遺訓이며, 그 자손인 천황과 신민이 함께 준수해야 할 것이다. 이는 고금을 통해 틀리지 않으며, 이를 국내외에 펼쳐 도리에 어긋나는 바가 없다. 짐은 너희들 신민과 더불어 이를 항상 명심하고 지켜 모두 한결같이 덕을 닦기를 바라는 바이다.

메이지 23년[1890] 10월 30일

천황의 서명과 인

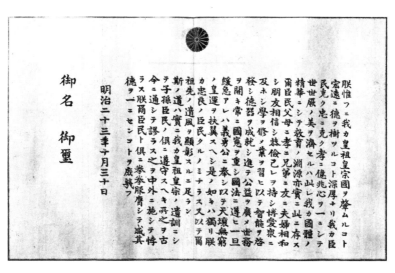

06 문부성에서 각 학교에 교부한 교육칙어 등본

「육해군 군인에게 내리신 칙유(군인칙유)」

우리나라의 군대는 대대로 천황의 통솔 아래에 있다. 옛날에 진무 천황은 친히 오토모大伴 씨와 모노노베物部 씨의 병사들을 이끌고 국내에 귀순하지 않은 자들을 토벌하여 평정하고 황위에 올라 천하를 다스리신 후로 2,500여 년이 지났다. 그동안 세상이 변해감에 따라 병제의 개혁도 누차 단행되었다. 고대에는 천황이 친히 군을 이끄시는 제도였는데, 때로는 황후나 황태자가 대신하는 경우도 있었으나, 병권兵權을 신하에게 맡기는 경우는 전혀 없었다. 중세가 되어 정치와 군사 제도를 모두 당에 따르게 하고 육위부六衛府를 두어 좌우의 마료馬寮를 세우고, 사키모리防人 등을 설치하여 병제를 갖추었다. 그러나 지속적인 평화에 익숙해지고 조정의 정무도 점차 문약에 빠져 병농은 자연히 둘로 나뉘고, 고대의 징병은 어느새 지원하는 방식으로 바뀌어 결국에는 무사가 되었다. 군사의 권한은 모두 무사들의 우두머리인 자에게 돌아가고 세상이 혼란해지면서 정치의 대권도 그 손아귀로 들어가, 거의 칠백 년 동안 무가의 정치가 되었다. 세상이 변하여 그렇게 된 것은 인력으로 만회할 수 없었다고 할 수도 있는데, 그것은 한편으로는 우리 국체에 반하고, 한편으로는 우리 조종祖宗의 제도를 배반하여 한심할 따름이다..

시간이 흘러 고카 弘化[1844~1848]와 가에이嘉永[1848~1854] 무렵부터 도쿠가와 막부의 정치는 쇠퇴하고 게다가 외국과의 여러 문제가 발생해 나라가 모욕을 받기 쉬운 정세가 육박해 와, 짐의 조부인 닌코

천황仁孝天皇[1800~1846], 선대인 고메이 천황孝明天皇[1831~1867]을 몹시
괴롭힌 것은 황공하고도 송구스러운 일이었다. 그런데 짐이 어려서
황위를 계승했을 당초에 정이대장군征夷大将軍이 정권을 반환했고 다
이묘大名와 쇼묘小名는 판적을 봉환했다. 얼마 지나지 않아 국내가 통
일되어 고대의 제도가 부활되었다. 이것은 문무의 충성스럽고 훌륭
한 신하가 짐을 보좌한 공적이며, 백성을 생각하는 역대 천황의 유덕
遺德이며, 아울러 짐의 신민이 마음으로 옳고 그른 도리를 판별하여
그야말로 막중한 대의를 알았기 때문이다. 그래서 이 시기에 병제를
고쳐 국위를 발휘하게 해야 한다고 생각하고 , 지난 십오 년 동안 육
해군의 제도를 오늘날처럼 정한 것이다. 군의 대권은 짐이 통수하며,
그 운용은 신하에게 맡기더라도 대강大綱은 짐이 친히 장악하여 신하
에게 맡기지는 않는다. 자손에 이르도록 이 뜻을 잘 전해 천황이 정
치와 군사의 대권을 장악하는 의의를 존속시켜 또 다시 중세 이후처
럼 올바른 제도를 잃는 일이 없기를 바란다.

　짐은 너희들 군인의 대원수이다. 짐은 너희들을 수족처럼 의지하
며 너희들은 짐을 머리로서 받들어 그 관계는 특히 깊어지지 않으면
안 된다. 짐이 국가를 보호하고 하늘의 은혜에 따르고 조상의 은총에
보답할 수 있는 것도 너희들 군인이 직무를 다할지의 여부에 달려 있
다. 나라의 위신에 그늘이 있으면 너희들은 짐과 근심을 함께 하라.
짐의 무위가 발휘되어 영광스럽게 빛난다면 짐과 너희들은 명예를
함께 할 것이다. 너희들이 모두 직분을 지키고 짐과 마음을 하나로
하여 국가의 방위에 힘을 다한다면 우리나라의 백성은 오래도록 태

평을 구가할 것이며 우리나라의 위신은 크게 세계에 빛날 것이다. 짐이 너희들 군인에게 거는 기대는 이토록 크다. 그러므로 여기에 훈계해야 할 것이 있다. 그것을 아래와 같이 언급한다.

하나. 군인은 충절을 다하는 것을 본분으로 해야 한다. 우리나라에서 태어난 자라면 누가 나라에 보답하려는 마음이 없겠는가. 하물며 군인인 자는 이 마음이 굳건하지 않으면 아무런 도움이 되지 않을 것이다. 군인이면서 보국의 마음이 견고하지 않다면, 아무리 기량을 연마하고 학술에 뛰어나도 그저 목각인형과 같은 것이다. 대오가 갖추어지고 규율이 바르더라도 충절이 없는 군대는 유사시에 오합지졸과 같다. 국가를 방위하고 국권을 유지하는 것은 병력에 의하므로, 병력의 강약은 곧 국운의 성쇠임을 깨달으라. 여론에 현혹되지 말고 정치에 관여하지 말고 그저 한결같이 자신의 본분인 충절을 지키고 의무는 산보다 무겁고 죽음은 깃털보다 가볍다고 각오하라. 그 지조를 깨고 낭패를 보고 오명을 얻는 일이 없도록 하라.

하나. 군인은 예의를 바르게 하라. 군인은 위로는 원수에서 아래로는 일개 병졸에 이르기까지 계급이 있고 통제에 속할 뿐만 아니라 동일한 계급이라도 연차에 차이가 있어, 연차가 새로운 자는 오랜 자를 따라야 한다. 하급자가 상관의 명령을 받을 때에는 실은 짐에게 직접 명령을 받는 것과 동일하다는 마음을 가지라. 자기가 소속하는 바가 없더라도 상관은 물론 연차가 자기보다 오랜 자에 대해서는 모두 존경하고 예를 다해야 한다. 또한 상급자는 하급자를 향해 조금도 경멸하고 오만한 태도를 취해서는 안 된다. 공무를 위해 위엄을 주로 할 때는 별도로 하더라도 그 외에는 되도록 친밀하게 대하고 오로지 자애를 명심하고 상하가 일치하여 공무에 힘쓰라. 만약 군인인 자가 예의를 어기고 위를 존경하지 않고 아래를 위하지 않으며 일치단결을 잃는다면, 그저 군대의 해독일 뿐만 아니라 국가를 위해서도 용서할 수 없는 죄인이다.

하나. 군인은 무용武勇을 존중해야 한다. 무용은 우리나라에서 예로부터 존중받아 왔으므로 우리나라의 신민인 자는 무용이 없으면 안 된다. 하물며 군인은 전투에 임하여 적에 맞서는 직무이므로 한시라도 무용을 잊으면 되겠는가. 다만 무용에는 대용大勇과 소용小勇이 있어서 동일하지 않다. 혈기가 왕성하여 난폭하게 행동하는 것은 무용이라고 할 수는 없다. 군인인 자는 항상 능히 의리를 분별하고 담력을 연마하고 사려를 다해 판단해야 한다. 작은 적도 얕보지 말고 큰 적도 두려워하지 말며, 무인의 직분을 다하는 것이 참된 대용이다. 무용을 존중하는 자는 항상 타인을 대할 때 온화함을 우선하여 사람들로부터 경애받도록 명심하라. 쓸데없이 만용蠻勇을 즐기고 난폭하게 행동하면 결국에는 세상 사람들로부터 미움을 받고 야수처럼 여겨질 것이다. 명심해야 할 것이다.

하나. 군인은 신의를 중시해야 한다. 신의를 지키는 것은 상식인데,

특히 군인이 신의가 없다면 하루라도 대오 속에 들어가는 것은 어렵다. 신이란 자신의 말을 지키고, 의란 자신의 의리를 다하는 것을 말한다. 따라서 신의를 다하고자 한다면, 처음부터 그 일이 가능한지 또는 불가능한지 신중히 사고해야 한다. 애매한 일을 대충 알아듣고 가벼이 승낙하여 이유도 없이 관계를 맺고 나중에 신의를 세우려 해도 진퇴양난에 빠져 처신을 어떻게 할지 괴로운 경우가 있다. 후회해도 소용이 없다. 애초에 신중히 옳고 그름을 분별하고 이치에 맞는지 여부를 고려하여 이 말은 어차피 실행 할 수 없고, 이 의리는 도저히 지킬 수 없다는 것을 깨달았다면, 재빨리 멈추는 것이 좋다. 예로부터 작은 신의를 지키려고 대국의 옳고 그름을 오판하거나 혹은 공公의 잘잘못을 혼동하면서까지 사사로운 신의를 지키느라, 아쉽게도 영웅호걸이 재난을 만나 멸망하고 사후에 오명을 남긴 예는 적지 않다. 깊이 경계하지 않으면 안 된다.

하나. 군인은 검소함을 기본으로 삼아야 한다. 검소함을 전혀 명심하지 않으면, 문약에 빠지고 경박해져서 사치스럽고 호화로움을 즐겨 결국에는 탐관이 되고 오직汚職에 빠져 각오도 아주 비루해져 절조도 무용도 소용없이 사람들에게 지탄받기에 이르는 것이다. 그 일생의 불운이라고 하기도 어리석다. 이 풍조가 한번 군인들 사이에 발생하면, 전염병처럼 만연하여 무인의 기풍도 군의 의기도 순식간에 쇠퇴하는 것은 명백하다. 나는 깊이 이것을 두려워하여, 우선 면출조례免黜条例를 시행하여 이 점의 대강을 경계했다. 하지만 여전히 이 악습이 발생할 것이 우려되어 마음이 안정되지 않으므로 이 점을 지도하는 바이다. 너희 군인들은 절대로 이 경계를 소홀히 하지 말라.

위의 5개조는 군인인 자라면 한시도 흔들려서는 안 된다. 이것을 행함에 있어서는 참된 일심이야말로 소중하다. 이 5개조는 우리 군인의 정신이며 참된 일심은 또한 5개조의 정신이다. 마음에 진심이 없다면 아무리 훌륭한 말도 좋은 행실도 모두 겉치장일 뿐 무슨 도움이 되겠는가. 진심이 있다면 무슨 일도 이룰 수 있다. 하물며 이 5개조는 천지의 큰 도리이자 인류의 상식이다. 행하는 것도 쉽고 지키는 것도 쉬운 일이다. 너희 군인들은 능히 짐의 가르침에 따라 이 길을 지키고 실행하여 나라에 보답하는 의무를 다한다면 짐만의 기쁨이 아니라 일본국 백성이 모두 이것을 축하할 것이다.

메이지 15년[1882] 1월 4일

천황의 서명과 인

일본 신민족주의 전환기에

『국체의 본의』를 읽다

초판 1쇄 발행일 2017년 8월 31일

기획 히토쓰바시대학 한국학연구센터
편역 형진의 · 임경화
펴낸이 박영희
편집 김영림
디자인 이재은
마케팅 김유미
인쇄 · 제본 AP프린팅
펴낸곳 도서출판 어문학사
　　　 서울특별시 도봉구 해등로 357 나너울카운티 1층
　　　 대표전화: 02-998-0094/편집부1: 02-998-2267, 편집부2: 02-998-2269
　　　 홈페이지: www.amhbook.com
　　　 트위터: @with_amhbook
　　　 페이스북: www.facebook.com/amhbook
　　　 블로그: 네이버 http://blog.naver.com/amhbook
　　　　　　　 다음 http://blog.daum.net/amhbook
　　　 e-mail: am@amhbook.com
　　　 등록: 2004년 7월 26일 제2009-2호

ISBN 978-89-6184-451-2　94910
　　　 978-89-6184-450-5(세트)

정가 20,000원

이 도서의 국립중앙도서관 출판예정도서목록(CIP)은 e-CIP홈페이지(http://www.nl.go.kr/ecip)와 국가자료
공동목록시스템(http://www.nl.go.kr/kolisnet)에서 이용하실 수 있습니다. (CIP제어번호: CIP2017024065)